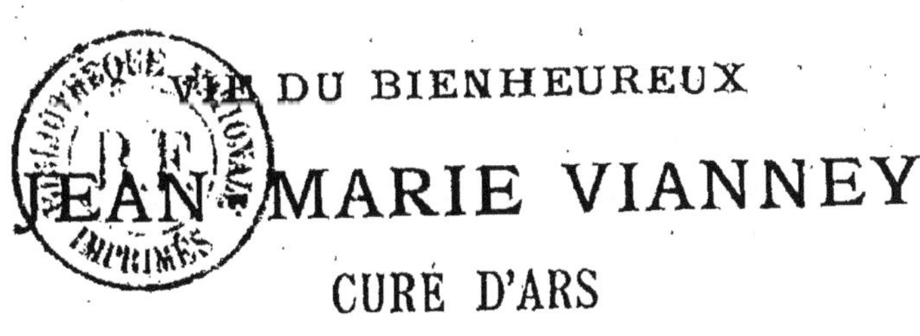

VIE DU BIENHEUREUX

JEAN-MARIE VIANNEY

CURÉ D'ARS

SE TROUVE :

à **ARS-SUR-FORMANS** (Ain)
chez les Missionnaires

et a BOURG-EN-BRESSE
Librairie Jeanne d'Arc, 20, rue Lalande.

PRIX : 1 fr. et 0 fr. 80, port en sus.

PORTRAIT AUTHENTIQUE DU BIENHEUREUX.

3-4

VIE DU BIENHEUREUX

JEAN-MARIE VIANNEY

CURÉ D'ARS

par M. L'ABBÉ G. RENOUD

MISSIONNAIRE D'ARS

avec une Lettre de Mgr LABEUCHE, évêque de Belley

Société St-Augustin, Desclée, De Brouwer et Cie

LILLE
41, rue du Metz

PARIS
30, rue Saint-Sulpice

1909

NIHIL OBSTAT :

Belley, le 26 Mars 1909.

H. PERRETANT, sup.

IMPRIMATUR :

Belley, le 3 Avril 1909.

† **FRANÇOIS**, évêque de Belley.

Rapport de M. le chanoine Perretant, vicaire général, supérieur de l'Institut Saint-Anthelme, à Belley, sur « La Vie abrégée du Bienheureux Curé d'Ars », par M. l'abbé G. Renoud.

La Vie abrégée *du Bienheureux Curé d'Ars n'est pas un simple résumé des biographies précédemment publiées. C'est un travail bien personnel, pour lequel l'auteur a utilisé, avec un rare bonheur, non seulement les* actes *du procès de béatification, mais encore plusieurs mémoires privés mis à sa disposition, et une foule de documents et renseignements, publiés au jour le jour dans les* Annales d'Ars. *Il a eu de plus l'heureuse idée de puiser fréquemment, dans les* Sermons *du Bienheureux, des traits, des pensées, des expressions, qui, enchâssés dans le récit, ou servant de commentaires aux faits eux-mêmes ou aux réflexions du biographe, donnent à sa composition un cachet tout particulier de vérité et de piété. C'est vraiment une* Vie *du Curé d'Ars, que l'on croit voir ou entendre lui-même.*

M. Renoud a mis également à profit ses nombreuses lectures ; on voit qu'il a fréquenté les anciens et les modernes, et, s'il emprunte plus volontiers à l'Ecriture Sainte et à nos meilleurs ascétiques les enseignements, toujours discrets, qu'il propose à ses lecteurs, il sait aussi, à l'occasion, apporter le témoignage des écrivains contemporains qui ont eu l'avantage de voir le Saint Curé et qui en ont le mieux compris l'esprit et la mission providentielle.

Enfin la narration, quoique sobre et rapide, comme l'exigeait le but de cet écrit, est pleine de fraîcheur et de vie.

Les lecteurs habituels des Annales d'Ars aimeront à retrouver, dans ce petit volume, la plume alerte, gracieuse, originale du chroniqueur, voire même du poète, qui leur raconte chaque année, avec un grand charme de littérature et de piété, les pèlerinages de Lourdes et les fêtes solennelles ou modestes du sanctuaire du Bienheureux Vianney.

H. Perretant.

ÉVÊCHÉ
DE
BELLEY

Belley, le 3 Avril 1909.

Mon cher ami,

J'avais prié M. le vicaire général Perretant de vouloir bien examiner la Vie abrégée du Bienheureux Curé d'Ars, *que vous vous proposez de publier prochainement. Le rapport de l'éminent Supérieur de l'Institut Saint-Anthelme est, à la fois, trop complet et trop flatteur, pour que votre travail ait besoin d'une autre recommandation. Laissez-moi vous féliciter chaudement, et émettre, en même temps, le vœu que votre petit volume contribue à répandre de plus en plus le culte de notre Bienheureux. Il va paraître à son heure, en cette année du cinquantenaire de la mort du Saint Prêtre. Puisse sa lecture favoriser le succès des fêtes que nous préparons en l'honneur de celui que Pie X a donné pour patron à tous les curés de France, et qui reste la gloire incomparable du diocèse de Belley !*

Veuillez agréer, mon cher ami, l'assurance de mon affectueux dévouement en N.-S.

† FRANÇOIS, évêque de Belley.

MAISON OU NAQUIT LE BIENHEUREUX.

11-19

CHAPITRE PREMIER

LA NAISSANCE ET LES PREMIÈRES ANNÉES

Comme il arrivait au haut du village de Dardilly (1), devant une maison d'assez belle apparence, un jeune mendiant, aux habits loqueteux, à l'air harassé, ayant franchi la barrière du petit enclos, aperçut sur le vaste perron de pierre, un homme d'âge mûr qui l'invita à entrer.

C'était bien un seuil hospitalier qui s'offrait au pauvre de Jésus-Christ. Le maître de la maison, qui l'avait accueilli, le fit asseoir à la table commune avec ses fils. Or, tandis qu'il mangeait, tous étaient frappés de l'expression de ce visage où la misère s'auréolait d'une résignation grave et sereine, et, quand il se fut éloigné pour se rendre à l'église, les paroles de bénédictions qui étaient tombées de ses lèvres, laissèrent le maître et ses fils dans la joie du bien accompli, avec, dans le cœur de l'un de ces derniers, je ne sais quelle espérance de bonheur à venir. C'était en 1770.

Or, ce mendiant s'appelait Benoît-Joseph Labre, le vieillard, Pierre Vianney; son fils Mathieu épousait, en 1778, Marie Beluse, fille de Pierre Beluse et de Marie Tabard.

---

1. Dardilly-le-Bas.

Depuis trois ans, saint Benoît Labre avait quitté la terre pour le ciel, lorsque le 8 mai 1786, naissait, dans l'étroite alcôve de la maison des Vianney, un *petit* enfant, qui fut baptisé le jour même, sous le nom de Jean-Marie (1), et qui devait apparaître ensuite comme la plus magnifique récompense de la charité chrétienne de son aïeul.

La grâce révèle au cœur des mères, par des intuitions profondes, un peu du sort de leurs enfants prédestinés.

Quand elle eut conçu pour la sixième fois, Marie Vianney se rappela-t-elle le mendiant, dont on lui avait parlé souvent, lequel avait semblé laisser dans la maison une promesse du ciel? Pensant à l'enfant qui allait naître, fut-elle inclinée à croire qu'il serait prêtre, et selon les paroles de l'Ecriture : « donné à son peuple pour obtenir la connaissance du salut et la rémission des péchés? » Ce qu'il y a de certain, c'est qu'elle aima de prédilection son petit Jean-Marie qu'elle avait voué au Seigneur même avant la naissance; c'est qu'elle fit tout pour développer en lui l'amour de Dieu; et les signes qu'en donnait déjà le tout petit enfant (2), en excitant le zèle de

1. On conserve dans l'église de Dardilly les fonts où J.-M. Vianney reçut le saint baptême. On les a enrichis de mosaïques, avec cette inscription : *Ex hoc fonte in Xto natus* J.-M. VIANNEY, 8a maii 1786.

2. « Mon petit frère n'avait que seize mois, a dit sa sœur Marguerite, et notre mère avait oublié de lui faire faire le signe de la croix avant de lui donner sa soupe; il refuse toute nourriture, puis se met à caresser sa mère comme pour lui demander quelque chose. Celle-ci lui fait faire le signe de la croix; alors, tout content, l'enfant se met à manger. »

LES FONTS BAPTISMAUX DE DARDILLY.

la mère, faisaient sa joie la plus exquise et son plus doux espoir.

S'il est vrai, selon le mot de Joseph de Maistre, que c'est sur les genoux des mères que les enfants apprennent à croire en Dieu, on peut assurer que la mère du Curé d'Ars fut la première institutrice en sainteté de M. Vianney.

De bonne heure, elle lui apprit à se signer, à prononcer les noms bénis de Jésus, de Marie et de Joseph, si bien qu'il put dire un jour de la Sainte Vierge : « Je l'ai aimée même avant de la connaître, c'est ma plus vieille affection. » Aussi quelle reconnaissance a-t-il gardé toujours envers une mère dont la vertu avait passé dans son cœur ! Sa piété, sa foi profonde, c'était « l'ouvrage de sa mère »; il ajoutait : « qu'un enfant ne doit pas pouvoir regarder sa mère sans pleurer (1). »

On vit bientôt l'effet d'une telle éducation.

L'enfant avait tout juste quatre ans, lorsqu'un jour Marie Vianney, que le soin du ménage avait un instant absorbée, le perdit de vue et ne le retrouva plus à la place où elle l'avait laissé. Son cœur se serra d'angoisse; elle jeta un cri. Pas de réponse. Elle visite alors la maison, l'enfant n'y est pas. Mon Dieu ! serait-il tombé dans la *serve ?* En hâte, elle court à l'écurie, ouvre la porte, et demeure immobile sur le seuil, le bras étendu dans un geste de surprise heureuse. L'enfant était à genoux vers la crèche, ses petites mains élevaient une statuette de la Sainte

1. Le P. Didon a écrit : « La première prédestination est d'avoir été porté par un sein que les vertus ont gardé. » *Lettres à Mlle Th. V.*, page 183.

Vierge. Sagement, la mère refoula en elle son admiration, pour ne laisser voir que son inquiétude : « Je n'y retournerai plus, » répétait l'enfant qui se mit à sangloter, et sa mère l'embrassa longuement.

A partir de ce moment, elle le chérit davantage encore. Parfois, l'attirant sur son sein, elle lui murmurait ces mots, en caressant ses cheveux : « Mon petit Jean-Marie, j'aurais bien du chagrin si je voyais un de mes enfants offenser Dieu, mais, mon chagrin serait plus grand encore, si c'était toi. »

Les voisins eux-mêmes s'émerveillaient de cette piété précoce, et plusieurs conseillaient : « Il faudra faire de votre fils un prêtre. »

Assez souvent, on reproche aux hagiographes de « *canoniser* », dès ses premières années, celui dont ils ont entrepris de raconter la vie.

Certes, les saints eux-mêmes vont de vertus en vertus, de grâces en grâces, de lumières en lumières ; certaines faiblesses de la nature peuvent apparaître en eux : personne n'atteint aux cimes qu'il n'ait gravi d'abord le rude sentier qui y mène. Le saint et l'homme de génie ont également besoin de patience et d'efforts pour arriver au point de perfection. On l'a dit : « Ce sont nos préjugés qui ceignent l'auréole aux grands hommes, dès le berceau. » Mais, tout de même que le génie s'affirme parfois en prodiges chez l'enfant, de même, il ne faut pas oublier, que, chez les saints, qui sont les privilégiés de la grâce, ce qui nous semble, dans leur enfance, extraordinaire et à peine croyable, est l'effet des attraits ravissants par lesquels Dieu attire à Lui une âme innocente qu'il appelle à de grandes choses. Selon la remarque d'un auteur spirituel, c'est la puissance de Dieu « qui porte les saints et leur fait faire des œuvres qui sont au-dessus de toutes les forces de la nature. Il les forme par son adresse, de tant de différentes manières, qu'il n'y a que sa sagesse infinie qui puisse les comprendre... Enfin, il les comble de tant de grâces par sa libéralité qu'ils ne peuvent ignorer que c'est Lui qui en est l'auteur, ni se lasser de Le bénir et de dire sans cesse : « C'est le Seigneur (1). »

Si, dès le commencement, la vie du Curé d'Ars paraît *merveilleuse*, c'est que telle est bien, jusqu'au bout, sa caractéristique : il fut prévenu de bénédictions célestes, parce qu'il devait être *un homme de Dieu : Sanctificavit vocatos suos*, est-il dit dans l'Écriture.

« Les pères et mères doivent savoir que leur plus grande occupation doit être de travailler à sauver les âmes de leurs enfants et qu'ils n'ont point d'ouvrage qui doive passer avant celui-là; bien plus, que leur salut est attaché à celui de leurs enfants. »

Bienheureux Curé d'Ars. — *Sermons.*

1. P. Nouet. *Méditations.*

CHAPITRE II.

L'ADOLESCENCE.

LE temps était venu pour Jean-Marie de rendre à ses parents les services dont un enfant est de bonne heure capable à la campagne. Il fut berger.

Tout près de Dardilly, en descendant par des sentiers tortueux et rocailleux, on arrive au fond d'un vallon très étroit, où coule un peu d'eau. D'un côté, des arbres en assez grand nombre forment un bosquet, de l'autre, il y a des prés en pente rapide. C'est Chantemerle, retraite aimée des oiseaux.

Le petit berger y venait chaque jour garder ses trois brebis, ses vaches et son âne gris; or, mystérieusement, et pour ainsi dire goutte à goutte se déposaient dans son cœur pour l'imprégner, la poésie de la nature, le goût de la solitude.

C'est là qu'il pouvait « à son aise » prier Dieu; là, qu'il écoutait au dedans de lui cette voix secrète, plus douce et plus pressante encore que la voix maternelle, qui lui disait d'être prêtre; là, qu'au creux d'un saule, il déposait la statuette de la Vierge, devant laquelle, agenouillé longuement, il égrenait avec complaisance son chapelet, — et le recueillement de l'endroit encadrait à souhait l'intime paix de son âme.

Mais, il lui arrivait aussi de rencontrer à Chantemerle de petits camarades, bergers ou bergères. Il les invitait à dresser de petits autels, ornés de feuillages; tous, ils s'y rendaient en chantant les litanies, Jean-Marie était presque toujours le *curé*. Il prenait si bien son rôle au sérieux, que groupant ses compagnons autour du saule préféré, il leur faisait des sermons. D'autres fois, entendant la cloche du village, il les priait de garder son troupeau, et lui remontait en courant l'abrupt sentier, pour entendre la *vraie* messe.

Jean-Marie avait sept ans. Il s'en allait avec une enfant du même âge jusqu'au moulin de Saint-Didier. Un instant, ils se reposèrent à l'ombre des aulnes. La petite Marion Vincent avait été frappée de l'air grave et doux du berger, et, avec cette simplicité candide des enfants : « Si nos parents voulaient, disait-elle, nous nous marierions... » Jean-Marie se leva. « Oh! pour ce qui est de moi, n'en parlons pas, n'en parlons jamais! »

« Le Seigneur m'a appelé dès le sein de ma mère », lit-on dans Isaïe; il semble bien qu'on puisse affirmer que le petit Jean-Marie avait déjà compris sa vocation quand il parlait de la sorte. Une autre marque de cette vocation, ce fut sa charité envers les pauvres, — n'est-ce pas l'apprentissage de la charité envers les âmes?

La maison des Vianney n'avait pas cessé d'être hospitalière. On y vit jusqu'à vingt quatre pauvres réunis à la fois. C'était un bonheur pour le jeune enfant d'offrir à l'un une bande d'étoffe, à l'autre, une bonne soupe, à celui ci, des sabots, à celui-là, une vieille chemise. Ce bonheur était plus vif encore, quand des enfants de son âge accompagnaient leurs parents nomades. Il s'empressait alors autour de ces petits, les gâtait, et finissait par leur apprendre le *Notre Père, Je vous salue, Marie*... les actes de foi, d'espérance et de charité.

Cependant, comme une lave ardente, la Révolution avait répandu partout ses horreurs et ses crimes; partout, au nom de la liberté, on commettait les pires attentats. En décembre 1791, — Jean-Marie avait cinq ans et demi, — la messe avait cessé d'être célébrée dans l'église de Dardilly. Ce n'était guère le moment de songer au sacerdoce; mais, quand Dieu parle au fond d'une âme pure, et l'invite et l'attire, les entreprises des hommes sont vaines qui combattent les desseins du ciel. En pleine Terreur, Jean-Marie rêvait d'être prêtre, et, au pied d'un autel érigé par lui, il conviait, avec sa sœur Marguerite, les bergers, ses petits amis, à réciter leurs prières. D'ailleurs, la première communion allait l'affermir à jamais dans sa vocation (1).

1. Sans doute, on racontait à Dardilly les exemples de courage que donnaient à Lyon des prêtres nombreux. Sans parler des *martyrs* qui moururent pour la foi, nous avons le témoignage de Delandine, dans son *Tableau des prisons de Lyon* : « Les plus grands exemples d'une fermeté froide, d'un courage réfléchi, d'un mépris bien prononcé pour la vie, a-t-il écrit, ont été donnés... surtout par de timides religieuses et d'humbles curés : Si votre devoir, disait l'un, est de nous condamner, obéissez à votre loi; mais, il me faut aussi obéir à la mienne, et elle m'ordonne de mourir. »

« Crois-tu à l'enfer? demandait-on au curé d'Amplepuy. — Comment, répondit-il, pouvoir en douter en vous voyant? en considérant ce qui se passe? »

Delandine cite encore cette confidence que lui fit l'ab-

Non loin de Dardilly, à Ecully, il y avait des prêtres assez courageux pour braver l'échafaud. Ils trouvaient gîte, tantôt dans une maison, tantôt dans une autre, chez le comte de Pingeon, chez M. Mièvre, chez M. Véron-Lacroix. Ces prêtres s'appelaient Charles Balley, dont le frère Etienne mourut martyr à Lyon en 1794; Royer, Versy, Groboz. Ce dernier, qui était né en 1760, à Saint-Etienne-du-Bois, non loin de Bourg en Bresse, s'appliquait à enseigner aux enfants les vérités chrétiennes. Il était d'une rare intrépidité. Plus d'une fois, pour se rendre auprès des malades, on le vit, travesti en cuisinier, porter sur sa tête une corbeille, laquelle, en guise de pâtisserie, ne contenait que les ornements nécessaires pour célébrer le Saint Sacrifice.

Marie Vianney conduisit aussi souvent que possible Jean-Marie aux messes dites dans les granges par l'un ou l'autre de ces prêtres héroïques. Une nuit, après la messe, M. Groboz s'approcha de l'enfant : « Quel âge as-tu ? — Onze ans. — Depuis quand ne t'es-tu pas confessé? — Je ne me suis jamais confessé. — Jamais! Eh bien! faisons-le tout de suite. » Quelles pénétrantes paroles le cœur du missionnaire eut-il pour l'enfant, à la révélation de cette

bé Bourbon, curé d'Agny : « Mon ami, avant de quitter ma carrière, j'avais oublié un devoir. Je viens de le remplir avec transport. J'ai écrit à celui qui m'a fait arrêter, qui m'a dénoncé. L'infortuné, il est bien plus à plaindre que moi! J'ai songé à ses tourments, j'ai voulu les adoucir, lui pardonner. J'ai béni son existence, souhaité qu'elle fût heureuse et tranquille jusqu'à son dernier jour. Bientôt, j'irai le demander moi-même au Dieu clément, au Dieu des miséricordes. »

A Lyon, chez J. Daval, 1797.

âme qui pouvait faire assaut avec son bon ange d'innocence et de candeur? Je l'ignore; mais, M. Vianney a toujours gardé mémoire de cet entretien, à la suite duquel, il fut décidé qu'on le placerait à Ecully pour s'y préparer à la première communion.

Deux anciennes religieuses de Saint-Charles, sœur Combet et sœur Deville instruisirent et préparèrent l'enfant. Ce fut M. Royer (1), qui, dans la maison du comte de Pingeon, vers le temps des fauchaisons en 1799, donna pour la première fois Notre-Seigneur Jésus-Christ à celui qui devait tant aimer et tant prêcher l'Eucharistie. A la suite des noms des premiers communiants, sur une image qu'il distribua à tous, M. Royer avait écrit entre autres choses : « Je conjure N... 1° d'avoir un profond respect pour le Saint Sacrement de l'autel... 5° d'avoir une tendre dévotion envers Marie, Mère de Jésus-Christ, et de lui rendre tous les jours quelque honneur... Signé : B. Royer. »

Jean-Marie y fut plus fidèle encore qu'auparavant.

Il grandit, toujours occupé à garder ses troupeaux ou, un peu plus tard, à travailler la terre, à piocher les vignes, avec son père et son frère aîné, sanctifiant son travail par la prière, soutenu dans sa tâche par sa chère statuette de la Sainte Vierge. Le soir, il oubliait sa peine, en étudiant au flambeau son catéchisme, ses évangiles : « C'était l'eau du ruisseau qui n'a qu'à suivre sa pente, dira-t-il quelques mois avant sa mort. Ah ! que j'étais heureux ! En

1. D'autres disent M. Groboz; j'ai suivi Azun de Bernétas, que ne contredit pas M. Monnin dans sa première édition.

donnant mon coup de pioche, je me disais souvent : il faut aussi cultiver ton âme, en arracher la mauvaise herbe, pour la préparer à recevoir la bonne semence du bon Dieu. Puis, je m'étendais par terre comme les autres, je faisais semblant de dormir et je priais Dieu de tout mon cœur. C'était le beau temps! »

Il en alla ainsi pour le jeune homme, jusqu'à dix-sept ans environ, âge où il commença ses études.

« L'âme pure est une belle rose et les trois Personnes divines descendent du ciel pour en respirer le parfum. »

(Petites fleurs d'Ars).

CHAPITRE III

LES PREMIÈRES ÉTUDES. — LES PREMIÈRES ÉPREUVES

De même que les abeilles s'élancent dans le printemps pour s'arrêter aux premières fleurs, de même l'âme chrétienne s'attarde avec bonheur aux premières années d'un saint, pour en respirer les parfums d'innocence et de dévotion. C'est comme une odeur de paradis retrouvé, fortifiante et délicieuse. Mais, il n'entre pas dans notre dessein de rapporter, jusque dans les moindres détails, la vie de M. Vianney, et, bien qu'il en coûte à la piété, il est nécessaire d'abréger un peu.

Le Concordat avait rendu à la France la paix religieuse. Le cardinal Fesch, archevêque de Lyon, travaillait, avec Mgr de Mérinville, à réorganiser les paroisses de son vaste diocèse. M. l'abbé Balley, après quelque temps, fut enfin nommé, en 1803, à la cure d'Ecully, où il avait montré tant d'héroïsme, pendant les mauvais jours. Depuis longtemps, Jean-Marie Vianney sollicitait ses parents de le faire instruire : « Si j'étais prêtre, disait-il à sa mère, je voudrais gagner bien des âmes au Bon Dieu. » Ils n'attendaient pour accéder à ce désir qui les comblait de joie, qu'une occasion favorable. La nomination de M. Balley à Ecully leur parut providentielle. Le curé d'Ecully connaissait Jean-Marie, il l'accueillit avec empressement, et s'offrit à former lui-même le jeune homme aux études.

Jean-Marie vint s'installer chez des cousins qu'il avait dans la paroisse, et, déjà, parut l'estime qu'on avait pour ses vertus, dans la naïve requête que fit une bonne veuve de l'endroit, la *mère* Bibost, d'avoir soin du trousseau de l'étudiant, et de blanchir son linge (1). Un peu plus tard, M. Balley, pleinement satisfait, l'admit à la maison curiale (2).

Le jeune homme se livrait à l'étude avec la même ardeur qu'au travail des mains; toutefois, la plume lui semblait plus lourde que la pioche, et son cerveau, en dépit de sa courageuse application, restait rebelle; — non pas qu'il fût inintelligent ou seulement mal doué, mais, parce que commençant ses études à l'âge où on les termine, il y était trop peu préparé. En revanche, il n'éprouvait nulle difficulté à suivre les leçons de M. Balley, quand celui-ci lui donnait l'exemple d'une rare ferveur. Bientôt, entre ces deux âmes privilégiées, il s'établit des liens d'intime et mutuelle admiration, qui nouèrent dans la suite, la plus solide et la plus sainte amitié.

Cependant, il arrivait que Jean-Marie sentait le découragement s'insinuer dans son cœur comme une

1. C'est à sa cousine, Mme Humbert, que Jean Marie déclarait : « Je vous en prie, ma cousine, trempez-moi la soupe avant de mettre le beurre au pot; si c'est de la soupe épaisse avant d'y mettre le lait. » La soif des mortifications qui dévorera le curé d'Ars, brûlait déjà son cœur d'adolescent.

2. C'est en 1807, qu'il reçut le sacrement de Confirmation, et qu'il ajouta le prénom de Baptiste à ceux de Jean-Marie.

tentation mauvaise. Le maître avait beau expliquer patiemment, l'obstacle semblait insurmontable à l'élève, qui se prenait alors à ressonger à ses parents, au gazouillis des oiseaux à Chantemerle, au charme des fleurs épanouies dans les prés. « Tu ne veux donc plus être prêtre pour sauver les âmes? » lui disait doucement M. Balley. Et Jean-Marie reprenait ses livres, il essayait de comprendre, sans plus de succès. A bout de forces, il s'avisa d'employer un moyen suprême.

Il s'en alla à La Louvesc, au tombeau de saint François Régis. Il essuya, au cours de la route qu'il fit à pied, en mendiant son pain, d'humiliants refus, de sanglants affronts; il fut pris pour un voleur, un vagabond (1), de sorte qu'il demanda à La Louvesc que son vœu fût commué — il reviendrait à pied, mais sans mendier. On le lui accorda facilement.

A partir de ce moment, les études lui furent moins pénibles, et son maître lui-même admira le secours de la grâce divine dans cette intelligence, dont il avait peut-être aussi, à de certaines heures, désespéré.

Une autre épreuve, plus lourde encore, vint s'abattre sur le jeune étudiant.

M. Balley avait fait inscrire son protégé sur la liste des aspirants au sacerdoce afin qu'il échappât à

1. Pareille mésaventure arriva en Suisse à saint Benoît Labre : « Comme il mendiait, des gens de police l'arrêtèrent un jour et le conduisirent en prison. Il y demeura vingt-quatre heures. Il était tellement exténué en en sortant qu'on le recueillit à l'hôpital. Il y passa plusieurs jours, son souvenir s'y est conservé comme un souvenir d'édification ». Léon Aubineau.

la conscription. Mais, Napoléon qui avait besoin d'hommes pour faire la guerre à l'Espagne, suspendit la faveur qu'il avait accordée au cardinal Fesch d'exempter les élèves des écoles presbytérales, et Jean-Marie reçut sa feuille de route pour Bayonne. Ce fut, chez tous, une indescriptible stupeur. Le père, qui voyait son fils consterné et malade de chagrin, tenta un gros sacrifice; il offrit 3.000 francs à un jeune homme pour remplacer l'étudiant. Le jeune homme accepta; mais, le lendemain, on retrouvait à la porte les premiers écus et le sac bien garni qu'on lui avait offert, et on ne le revit plus. Il ne restait qu'à partir. Jean-Marie, résigné à la volonté de Dieu, mais toujours malade, se mit en route. On le conduisit à l'Hôtel-Dieu de Lyon, puis, il s'achemina péniblement jusqu'à Roanne. C'était au mois de novembre 1809.

Or, à l'hôpital de Roanne, où il fut reçu parce que les frissons de la fièvre l'avaient repris, se trouvait un jeune homme, nommé Guy, sabotier de son état, et qui connaissait les hautes forêts pour y avoir travaillé. Celui-ci était résolu à déserter. Il s'en ouvrit à Jean-Marie, dont peut-être il avait appris la malchance, et il lui indiqua les Noës, comme un refuge assuré.

« Nos forêts des hauts lieux sont encore insoumises,
» Un conscrit peut y fuir et sauver ses franchises,
» Tout ce qui reste au sol de garçons vigoureux
» Se garde au fond des bois... »

C'est un raisonnement analogue à celui du vieux docteur que fait parler le poète (1), que Guy dut tenir à Jean-Marie, qui refusa de le suivre.

1. De Laprade, *Pernette.*

A l'aube du jour où Jean-Marie devait partir, il se rendit à l'église, pour mettre son dangereux voyage sous la protection du Ciel; il s'y oublia. Le capitaine de gendarmerie, à qui il se présenta, voulût d'abord le faire incarcérer comme réfractaire; puis, se ravisant, il donna ordre à deux gendarmes d'accompagner le jeune soldat, qu'une charrette transporterait pour rejoindre plus vite le régiment en marche. C'était le 6 janvier 1810. Les gendarmes, à un endroit appelé la Maison-Blanche, estimèrent sans doute que le froid les engourdissait, ils s'arrêtèrent pour boire. Pendant ce temps, le conducteur, qui avait appris, peut-être d'eux-mêmes, l'histoire de Jean-Marie, fait descendre le conscrit de la charrette, le cache dans un fourré, et quand les gendarmes reparaissent, il leur crie que le jeune homme vient de s'enfuir, et il leur indique une fausse piste. Jean-Marie, réfractaire malgré lui, gagna les Noës, où Guy lui avait indiqué une sûre retraite. Il y habita quatorze mois, sous le nom de Jérôme, appliqué à instruire la jeunesse par ses leçons et tout le monde par ses exemples....

Enfin, on apprit à Dardilly, chez les Vianney, par une lettre écrite de sa main, que le fils qu'on avait cru mort, vivait dans la montagne. Le père, contrarié de savoir son fils réfractaire, et soucieux du bon renom de la famille, allait exiger, malgré les prières et les larmes de la mère, qu'il se livrât à l'autorité militaire, quand, François, leur dernier enfant, s'offrit à remplacer son frère, en devançant l'appel. Ainsi Jean-Marie resterait fidèle à sa vocation, ainsi le vieil honneur de la maison serait sauvegardé. Jean-Marie put reprendre, à Ecully, chez M. Balley, ses études si fâcheusement interrompues. Le souvenir des Noës, de la mère Fayot qui l'avait accueilli ne devait jamais s'effacer de sa mémoire, et longtemps encore, il écrivit à « madame mère Fayot » pour la prier d'agréer tout ce que son cœur était capable de lui témoigner.

C'est alors qu'il perdit sa mère, et, ce lui fut sans doute un chagrin profond. Sur ces entrefaites, le petit séminaire de Verrières avait rouvert ses portes aux élèves; M. Balley y envoya Jean-Marie. On se trouvait en 1812. Là encore, de dures épreuves attendaient l'étudiant dont ses camarades plus jeunes raillaient la lenteur d'esprit et les manières timides. Rien ne lui fut pourtant plus sensible que l'échec qu'il éprouva devant les examinateurs, parmi lesquels le cardinal Fesch, au moment d'être admis au grand séminaire. Tant d'efforts, de prières, de souffrances et de larmes, tout cela pour aboutir à être refusé! M. Balley ne fut pas découragé; il reprit son élève chez lui, fit venir, un peu plus tard, M. Bochard le grand vicaire, et M. Gardette, supérieur du grand séminaire, qui jugèrent satisfaisantes les réponses que Jean-Marie fournit à leurs questions. En 1814, M. Vianney entrait au grand séminaire. A cause des besoins du moment, il fut appelé bientôt au sous-diaconat. Les supérieurs hésitèrent à se prononcer, M. Courbon enleva les suffrages : « Le jeune Vianney est-il pieux? — C'est le modèle du séminaire. — Eh bien! je le reçois, Dieu fera le reste! » Le 2 juillet 1814, Mgr Simon, évêque de Grenoble, conféra au postulant le sous-diaconat; l'abbé Vianney acheva ensuite ses études théologiques. Le 23 juillet 1815 il recevait le diaconat, enfin, le 13 août, à Grenoble, la prêtrise des mains du même prélat. Il avait près de trente ans (1).

A peu près à la même date, on pouvait lire ces lignes dans un livre destiné au clergé (2): « Heureux mille fois, Seigneur, celui qui trouve en soi les marques de la vocation qui vient de vous; placé de votre main dans votre sanctuaire, il sera le digne ministre de vos miséricordes; ses travaux et son zèle, avoués et bénis de vous, seront couronnés dès cette vie des plus grands succès; fidèle à sa vocation et admis dans vos tabernacles désirables, il y recevra le prix de ses mérites et de sa persévérance. *Beatus quem elegisti et assumpsisti, inhabitabil in atriis tuis!* » Si M. Vianney, après son ordination, a lu ces mots, une fois ou l'autre, son humilité et sa défiance de lui-même ne lui auront pas permis d'entrevoir qu'ils contenaient par avance le résumé de sa vie et la promesse de sa gloire; du moins, il a pu ressentir pleinement cette joie ineffable : être prêtre pour l'éternité!

« Le sacerdoce, c'est l'amour du Cœur de Jésus. Quand vous voyez le prêtre, pensez à Notre-Seigneur. »

(Petites fleurs d'Ars).

---

1. Dans le diocèse de Grenoble, on fête ce jour-là, le Bienheureux curé d'Ars.
2. F. H. Sevoy. *Devoirs ecclésiastiques*, Saint-Brieuc, 1816.

CHAPITRE IV.

LE VICAIRE D'ÉCULLY.

« Sauver des âmes, » telle avait été la généreuse ambition du petit pâtre de Dardilly, quand il osait rêver d'être prêtre. Or, au sortir du grand séminaire, il était, au jugement de ses supérieurs, si peu habile dans les sciences théologiques, qu'ils ne voulurent pas, tout d'abord, lui permettre de s'occuper de confession et de direction. M. Balley demanda alors et obtint que son élève fût remis entre ses mains : ce fut une grande joie, quand on apprit à Ecully que M. l'abbé Vianney était nommé vicaire, dans la paroisse.

S'il était peu instruit aux yeux de ceux qu'on appelle des savants, l'abbé Vianney était versé plus que bien d'autres, dans la science de Jésus-Christ crucifié (1); ce simple, cet ignorant qui priait humblement Dieu de lui donner la science des saints, allait commencer d'être « *éclairé* » merveilleusement, d'avoir des intuitions que ne possèdent pas ces hommes à qui l'on accorde des lumières supérieures. M. Balley, d'ailleurs, était bien propre à guider son vicaire dans les voies de la perfection : « J'aurais

1. On lit dans un vieil auteur, à propos de saint Benoît ces mots qui s'appliquent parfaitement à M. Vianney : « *Recessit scienter nescius et sapienter indoctus.* »

fini par être un peu sage, si j'avais toujours eu le bonheur de vivre avec M. Balley, » disait le curé d'Ars. On aurait pu lui répondre qu'il avait du moins commencé.

Le curé d'Ecully mit aux mains de son vicaire le Rituel de Mgr Joly de Choin (1), évêque de Toulon. Lui-même, il compléta cet enseignement par des leçons de dogme, de liturgie, de morale, mais, par-dessus tout, il l'instruisait pratiquement : personne ne lui fit mieux voir jusqu'à quel point l'âme peut se dégager des sens, et l'homme s'approcher de l'ange par la pénitence et les mortifications. La Providence avait bien choisi le maître qu'il fallait au curé d'Ars. On dit même que les paroissiens, apprenant les austérités de ces deux ascètes, s'émurent et firent enjoindre, par l'autorité supérieure, à l'un et à l'autre, de se traiter un peu mieux.

Au bout de quelque temps, M. Balley pouvait, avec une légitime fierté, rendre ce témoignage à son vicaire : « Je ne connais pas de prêtre qui m'inspire autant de confiance que M. Vianney. » L'archevêché accorda donc au vicaire les pouvoirs de confesseur. L'abbé avait sûrement lu dans le Rituel de Toulon qu' « un confesseur, selon saint Basile, doit être rempli de toutes les vertus, n'avoir aucune affection pour les biens de la terre, ne point s'embarrasser dans les affaires du monde, chercher la tranquillité, fuir l'inquiétude, aimer les pauvres et la

1. Mgr Louis-Albert Joly de Choin naquit à Bourg-en-Bresse en 1702. Son père était gouverneur de la Bresse. Il fut sacré évêque de Toulon le 8 juin 1738. Son ouvrage sur le Rituel peut, dit Feller, tenir lieu de bibliothèque à un ecclésiastique. Il mourut, le 16 avril 1759.

pauvreté, être d'une grande édification à ceux qui le fréquentent... » Il s'appliqua à réaliser à la lettre ce programme.

Tous ses biographes ont cité ce trait de charité qui rappelle saint Vincent de Paul. Une grande dame (1), tombée dans la détresse, par suite du malheur des temps moins encore qu'à cause de sa bienfaisance imprévoyante, vint un jour exposer son état de gêne au jeune vicaire. Justement, il avait devant lui un peu d'argent, qu'il destinait à payer une soutane qu'il venait de commander à l'instant même. Aussitôt, il court chez le tailleur, redemande son argent, et, malgré les remontrances de la femme qui lui fait observer le mauvais état de son habit: « C'est bon, c'est bon, dit-il, ma soutane durera bien encore. » Le soir, la grande dame recevait un peu d'argent, par des mains inconnues. Une autre fois, à Dardilly, il exposait à l'un de ses frères, la piteuse situation d'une pauvresse, rencontrée sur la route : « Et tu lui as fait l'aumône? — Oui, — Que te reste-t-il? — Rien. » Ainsi, le vicaire d'Ecully faisait, par la pénitence et la charité, l'apprentissage de l'héroïsme dans la vertu.

Dieu, cependant, voulait récompenser M. Balley de son zèle et de ses fatigues, en l'appelant au ciel. Le vieux serviteur pouvait chanter son *Nunc dimittis :* il laissait à l'Eglise l'abbé Vianney. Il fut donc atteint par la maladie. Affaibli d'ailleurs par les jeûnes et les mortifications, au point qu'il ressemblait à un fagot recouvert d'une soutane, il dut

1. Azun de Bernetas imprime en abrégé Mme de Mons***. Les autres ne nomment pas la personne.

suspendre son ministère, d'abord, par intervalles, puis, tout à fait. Le vicaire resta seul chargé de la paroisse, pendant près d'un an. Un jour, le malade remarqua que la gangrène avait atteint la jambe, où un ulcère s'était formé; il appela M. Vianney, le pria d'entendre sa dernière confession, et de lui apporter les sacrements.

Averties par la cloche, quelques pieuses personnes accompagnèrent le jeune vicaire jusque dans la chambre du moribond. Alors, s'étant soulevé un peu, M. Balley, d'une voix presque éteinte, demanda pardon à M. Vianney et aux paroissiens des scandales dont il aurait pu être l'auteur. Le vicaire, à son tour, supplia le malade de pardonner toutes les résistances que ses paroissiens et lui-même avaient opposées à son zèle. Tous les assistants pleuraient. M. Balley les réconforta, puis, il reçut les derniers sacrements.

Le lendemain, après la messe qu'il avait célébrée pour le mourant, comme le vicaire revenait près de lui : « Merci, merci, mon pauvre Vianney », dit-il. Faisant effort, il saisit ensuite ses instruments de pénitence : « Tenez, cachez cela, si on le trouvait, on me croirait un saint, et on me laisserait en purgatoire jusqu'à la fin du monde. » L'abbé Balley mourut le 16 décembre 1817, et « sa belle âme s'envola parmi les anges pour rendre le Paradis plus joyeux. »

Quelque temps après, M. Courbon faisait appeler M. Vianney à l'archevêché; il le nommait curé d'Ars en Dombes : « Allez-y, disait le grand vicaire, il n'y a pas beaucoup d'amour de Dieu, vous en mettrez. »

« *Faites pénitence*, c'est-à-dire, *transformez-vous par le sacrifice*, » ce mot du P. Gratry résume tout le travail d'âme auquel M. Vianney avait commencé de se livrer, dès sa petite enfance, quand, malgré son chagrin, il avait abandonné son chapelet bien-aimé à sa sœur, travail d'âme qu'il s'habitua à poursuivre, sous l'entraînante direction de M. Balley, pour ne l'achever qu'avec sa vie. Continuant chaque jour à aimer et à servir le Bon Dieu dans un oubli toujours plus profond de lui-même, M. Vianney pouvait accomplir l'ordre donné par M. Courbon : il allait mettre l'amour de Dieu dans sa paroisse et dans des âmes innombrables, se transformer par le sacrifice jusqu'à devenir un saint.

« Oui, il y a une religion sainte qui fait tout le bonheur de celui qui observe ce qu'elle lui commande. Laissons, laissons crier les impies dans leur frénésie et dans leur démence, reposons-nous tranquillement dans le sein de notre religion divine et à l'ombre de notre Créateur. »

(Sermons).

CHAPITRE V

ARS

On peut dire que les historiens du curé d'Ars, à part l'abbé Monnin, ont parlé inexactement du village, où s'est sanctifié M. Vianney. Les descriptions de la Dombes les ont pour ainsi dire hypnotisés, et ils se sont imaginé un pays insalubre, où le soir, le soleil, qui jette ses derniers feux, se noie dans le brouillard élevé des marais d'alentour. Rien de plus faux. En 1857, un habitant d'Ars, ou quelqu'un sous son nom, écrivait avec raison : « Ars se trouve placé sur le versant d'une colline couverte de vignes, d'arbres à fruits, et environnée de vastes plaines rapportant toutes sortes de céréales. Au bas de la colline coule le Fontbleins, joli petit ruisseau dont les eaux suivent en serpentant les ondulations du terrain jusqu'au village de Sainte-Euphémie, où elles se réunissent à celles du Morbier, et forment ensemble la petite rivière qui, à raison de cette réunion, prend le nom de Formans... Les environs d'Ars sont charmants; partout de petits sentiers émaillés de fleurs, partout de gracieux bosquets de bois alternant avec des prairies. La nature a tout fait pour rendre ce lieu d'une solitude agréable. L'air y est sain, le silence du lieu n'est troublé que par le chant des oiseaux et le murmure du Fontbleins. Au

VUE GÉNÉRALE D'ARS.

sud-ouest du village, on voit l'antique château d'Ars dont la fondation remonte au XIIIe siècle (1)... »

En dehors d'un intérêt local, Ars n'offre rien de particulier à l'historien, jusqu'à son curé.

Notons seulement que depuis la fin du XVIe siècle, le château d'Ars appartient à la famille Garnier des Garets, et que Mlle d'Ars allait être, par ses exemples, par sa générosité, la collaboratrice de M. Vianney, et sa *sainte amie*. Notons encore, qu'un curé d'Ars, au XVIIIe siècle, avait enseigné à ses paroissiens le culte du Sacré-Cœur, et que ce curé, messire Escalle ou Lescalle, a laissé une page intéressante là-dessus. Je la transcris en partie. « J'annonce cette fête à ma paroisse pour le dimanche dans l'octave de la fête du Très Saint Sacrement, comme effectivement le plus convenable, si l'on veut que les fidèles, surtout à la campagne, profitent et retirent des fruits de cette fête du Cœur adorable de Jésus, dont j'ai de mon mieux expliqué les motifs à mes paroissiens, pour les porter à avoir une dévotion tendre, une confiance entière à ce divin Cœur... Je vois avec satisfaction beaucoup d'empressement dans mes paroissiens à faire leur dévotion ce jour-là, depuis que je suis dans cette paroisse. » Sur la demande même des habitants d'Ars, M. Escalle établit aussi la confrérie du Très Saint Sacrement. La chose vaut la peine d'être rapportée, toujours d'après le texte du curé. « Mes paroissiens, m'ayant témoi-

1. *Ars et son pasteur*, par Michel Givre. — Ars, Michel Givre, libraire-éditeur, 1857. Ars est distant de Lyon de 35 kilomètres, il est à 8 kilomètres de Villefranche, à 42 de Bourg, et à 5 de la Saône.

gné depuis mon avènement à cette cure, plusieurs fois, qu'ils souhaiteraient bien de voir établir dans leur église la confrérie du Très Saint Sacrement de nos autels, celles à l'honneur de la Très Sainte Vierge sous le titre et vocable du Rosaire, et du Scapulaire, j'ai voulu éprouver la sincérité comme la persévérance de leurs désirs et les instruire des motifs de leur demande, comme des obligations et des engagements qu'ils contractaient, pour m'assurer autant qu'il se peut de leur fidélité à les remplir. Résolus enfin d'avoir ces établissements, ils prirent occasion le 2 janvier 1727 de l'assemblée de la paroisse par le sieur Bouchet, alors châtelain dudit lieu, pour la nomination d'un consul dans cette paroisse, de m'en faire la demande publiquement, et toute la paroisse assemblée, ce que je jugeai à propos d'exiger d'eux, pour rendre la chose plus solide et plus authentique, et qu'acte me serait délivré de leur délibération et prière qu'ils me faisaient tous de concert pour consentir à l'établissement des susdites confréries et agir en leur nom auprès de Monseigneur l'archevêque de Lyon, aux fins d'obtenir l'érection dans cette paroisse des confréries susdites, ce que j'ai fait; et, en conséquence, M. Terrasson, vicaire général du diocèse, custode de Sainte-Croix à Lyon, a permis l'érection et établissement des susdites confréries du Saint Sacrement et de la Très Sainte Vierge. Au bas de la délibération des susdits habitants, le septième du mois de janvier de la susdite année mille sept cent vingt-sept, signé : Terrasson, official, vicaire général du diocèse. » Six ans après, Escalle écrivait : « J'ai déjà de la peine à faire subsister et maintenir la confrérie du Très Saint Sacrement parmi les paroissiens; il faut les prier à présent et les forcer pour ainsi dire pour y donner leurs noms, remplacer les morts ou les absents; mes successeurs néanmoins ne doivent pas entendre par le terme *forcer*, une violence qui ôte la liberté; mais des sollicitations souvent réitérées, en général et en particulier, par de fréquentes explications qu'on leur fait des privilèges, des grâces, des fruits de bénédiction qu'ils peuvent retirer de cette dévotion, s'ils s'en acquittent comme il faut. »

Serait-il téméraire de croire que M. Vianney fut, à Ars, la récompense de la foi des anciens habitants de ce village, envers le Saint Sacrement? Il me semble qu'avec l'humilité du lieu, ce qui a déterminé le choix divin, c'est aussi le zèle de M. Escalle, qui, par sa dévotion envers le mystère adorable de la Très Sainte Eucharistie, son ardent amour pour le Sacré-Cœur et sa sollicitude pour instruire ses paroissiens, apparaît comme une première ébauche, un crayon du Curé d'Ars.

Mais, ainsi qu'un torrent débordé ravage les moissons les plus belles et les emporte dans la ruine, la Révolution avait passé à Ars, comme ailleurs, et toutes les pratiques de piété avaient disparu pendant la tourmente. Quand revint le calme, il ne restait plus chez les habitants d'Ars qu'une stérile indifférence en matière de religion, ou plutôt, cette indifférence avait produit l'amour des plaisirs, en sorte qu'il n'y avait plus guère de place pour l'amour de Dieu dans la paroisse. Au moment où y arriva M. Vianney, le 9 février 1818, succédant à l'abbé Deplace, mort au bout de quelques mois, le 20 janvier, Ars comptait à peu près 230 habitants (1).

« Nous ne pouvons pas nous rappeler un seul bienfait de Dieu, sans rencontrer, à côté de ce souvenir, l'image du prêtre. »

(Petites fleurs d'Ars).

---

1. C'est le chiffre donné en 1808 par Bossi, préfet de l'Ain. — *Statistique générale de la France*, p. 154, « Ars, en plaine. Population totale 230 individus, savoir : garçons 74; filles, 70; hommes mariés, 30; femmes mariées, 30; veufs, 4; veuves, 16; militaires en activité, 6. »

CHAPITRE VI.

LA PRÉPARATION AU MINISTÈRE PASTORAL

Aujourd'hui, lorsqu'on vient de Toussieux à Ars, en suivant le petit chemin, bordé de haies vives ou de terres cultivées, semé d'herbe et d'ornières, on aperçoit, à un carrefour, les maisons d'Ars qui s'élèvent en face, depuis *les Combes* jusqu'à *Montatret* (1), c'est-à-dire tout le haut du village.

Peut-être, est-ce à cet endroit que M. Vianney qui suivait ce chemin, accompagné de la *mère* Bibost et guidé par le jeune Antoine Givre, d'Ars, s'arrêta. Remerciant le petit berger, il lui dit : « Merci, tu m'as montré le chemin d'Ars, je te montrerai celui du Ciel »; puis, s'agenouillant, il pria les anges de travailler avec lui à sauver le peuple que Dieu lui confiait : « Seigneur, accordez-moi leur conversion, et je consens à souffrir tout ce que vous voudrez ! »

Il se releva. C'était vers le soir. La plupart des habitants n'apprirent la venue du Curé que par la cloche, qui, le lendemain, les appelait au Saint Sacrifice. Si, poussés par la curiosité, quelques-uns entrèrent alors à l'église, il n'est pas difficile de supposer ce qu'ils pensèrent, en considérant ce prêtre médiocre de taille, négligé de mise, embarrassé dans ses gestes. Cette première impression, il est vrai,

1. On disait et écrivait autrefois *Montartray*.

devait être de courte durée. Quelque temps après l'avoir reçu avec Michel Cinier, membre du conseil municipal, le maire d'Ars, Antoine Mandy, avouait : « Nous possédons une église pauvre, mais nous avons un saint curé. » C'était déjà l'avis de tous : « Avez-vous vu notre curé, ce n'est pas un homme comme un autre; c'est un saint, » disaient les habitants à leurs voisins; et Mlle d'Ars écrivait : « Nous sommes les enfants gâtés de la Providence. Je n'ai pas connu de prêtre aussi pieux que notre nouveau curé. Il ne quitte pas l'église; à l'autel, c'est un séraphin, en chaire... il est tout rempli de l'esprit de Dieu ! »

Il avait suffi de voir, le jour de son installation, 13 février, M. Vianney à l'église, et surtout à l'autel, il avait suffi de l'entendre parler du Bon Dieu, pour qu'au fond des consciences chrétiennes se fît jour cette conviction : notre curé est un saint. Mais, il s'en fallait de beaucoup que cette admiration populaire fût maîtresse des volontés. M. Vianney ne s'y méprit point, et c'est, avec de plus sûrs moyens, qu'il voulut entreprendre la conquête de ses ouailles.

La paroisse souriait à ses vues. Elle était bien humble; ce n'était guère qu'un hameau, et l'église n'avait que le titre de *Chapelle vicariale*. Le curé pourrait donc facilement la gouverner et y faire son salut. Cette assurance valait à ses yeux tous les honneurs du monde.

M. Vianney ne tarda pas un instant à se mettre au rude labeur que son amour pour Dieu lui avait fait désirer dès son enfance : sauver les âmes. Comprenant bien cette vérité primordiale enseignée par saint Pierre, à savoir que le pasteur doit être le modèle de son troupeau, il s'appliqua à réaliser en lui-même l'idéal du Prêtre, pour en faire rayonner la vertu lumineuse autour de lui, et paraître au regard de ses gens, avec l'auréole de cette affection toute volontaire, qui est selon Dieu, et qui convainc plus fortement que les plus éloquentes paroles.

Et d'abord, il se fit pauvre.

J'emprunte les lignes suivantes à un contemporain : « Sa cure se composait d'un salon, d'une cuisine au rez-de-chaussée, de trois chambres au premier étage et d'un grand et beau jardin rempli d'arbres fruitiers. C'était bien du terrain et un bien grand appartement pour celui qui était tout à Dieu et au prochain; aussi, le jardin devint bientôt inculte, les arbres périrent faute de soins (1), et maintenant, c'est un champ de blé ou de pommes de terre (2) qui remplace les arbres à fruits, les allées de fleurs et les tonnelles ombragées. Quant à ses appartements, il les dédaigna encore plus; il a converti le salon en bûcher, n'ouvre jamais qu'une chambre sur trois, au premier, et laisse les orties, les sureaux (3), les ronces envahir la cour, à tel point

1. Ce n'est pas tout à fait exact. Le frère Athanase raconte ainsi la chose : Il n'y avait qu'une haie sur le chemin, au travers de laquelle on passait pour dérober les fruits : « On offensait le Bon Dieu, dit un jour M. Vianney, j'ai trouvé le bon moyen pour l'empêcher. — Qu'avez-vous fait, monsieur le Curé? — J'ai arraché tous les arbres, » répondit-il en souriant.

2. Le jardin avait été loué à un habitant d'Ars, nommé Givre.

3. Les sureaux existent toujours; l'un d'eux vient d'être brisé par le vent (juin 1909).

que ces dernières plantes font invasion dans la cuisine par une vitre cassée (1)... »

L'ameublement de sa chambre fait encore par sa simplicité l'admiration des pèlerins : un lit très bas entouré de grossiers rideaux, une petite table, une vieille armoire en sapin, des rayons où il entassa les livres qu'il avait hérités de M. Balley, quelques images pieuses, le seul luxe, si on peut dire, de cette pièce, où jusqu'au bout, il n'en voulut pas d'autre que celui de la pauvreté. Un peu plus tard, il reçut de Mlle d'Ars, deux commodes et un fauteuil; il consentit à garder ces meubles en souvenir de celle qu'il vénérait non seulement comme une bienfaitrice, mais comme une sainte.

« Jean fut envoyé à Ars comme un ange du Ciel, » lit-on dans le bref de béatification. Par son souci d'être et de paraître chaste, il fut en effet le commentaire vivant de cette parole de saint Bernard : « Le prêtre devient un ange du Seigneur. » « Au lieu de prendre une femme à son service, a déposé un témoin, il crut devoir s'en passer et pourvoir lui-même à son entretien et au soin du Presbytère. Si parfois quelques femmes s'introduisaient dans la cure pour y déposer des provisions et y mettre de la propreté, c'était toujours en l'absence de M. Vianney, qui, au reste, n'aimait pas qu'on lui rendît des services. Ces personnes, d'ailleurs, étaient connues de tout le monde pour leur grande piété... Les personnes qui ont examiné de plus près M. Vianney sont convaincues qu'il n'a jamais connu le mal. » Lui-même il avoua un jour, en parlant des enfants

1. *Ars et son pasteur*, p. 70.

PRESBYTÈRE DU BIENHEUREUX.

CHAMBRE DU BIENHEUREUX.

qui embrassent leurs parents : « Cela est permis; cependant, il m'est souvent arrivé de ne pas vouloir baiser ma pauvre mère! »

Voulant être pour ses paroissiens un maître de sainteté, M. Vianney se mettait lui-même ainsi à la rude école des saints : comme François d'Assise, il aimait le trésor de la très sainte pauvreté; comme François de Sales, qui bien que « sa maison fût ouverte à tout le monde, ne parlait jamais à des femmes, en quelque lieu qu'il fût, qu'il n'eût des surveillants qui le considérassent attentivement (1), » le curé d'Ars estimait par-dessus tout la pureté; en un mot, il pratiquait le conseil de l'Apôtre : « La vie d'un ministre de Dieu doit être un modèle de toutes les vertus. » C'est ainsi qu'il se prépara à devenir maître des cœurs, il y travailla ensuite par la prière et par l'action, de toutes ses forces.

« Faites-vous un devoir de bien observer tout ce que les commandements vous ordonnent, et vous serez étonnés de voir combien le Bon Dieu prend soin de ceux qui ne cherchent qu'à Lui plaire. »

(Sermons).

1. Esprit de saint François de Sales.

CHAPITRE VI.

LA PRIÈRE DU CURÉ D'ARS.

« Oh ! quand vous rencontrerez un Saint (et, grâce à Dieu, il y en a encore sur la terre), quand vous verrez en lui la pratique des vertus les plus simples, les plus modestes et en même temps les plus héroïques, que cette pratique vous paraîtra comme toute naturelle et réalisée sans effort, ne dites pas : cet homme est né Saint. — Vous ne savez pas tout ce que la vertu lui a coûté, ce qu'elle lui coûte peut-être encore ; il n'est Saint, il ne se conserve dans la sainteté, il n'est si admirable de dévouement que parce qu'il se soumet à toutes ces pratiques de piété, à toutes ces prières qui vous paraissent inutiles et oiseuses. Comme vous, il aurait ses défaillances, mais, il respire souvent l'air du Ciel, et sa poitrine se fortifie ; comme vous, il aurait ses tentations et ses chutes, mais, il repose constamment sur le Cœur de Dieu, et il y trouve un appui et un rempart inexpugnable (1)... »

Ces lignes sont tout à fait caractéristiques. Si la prière fut pour M. Vianney, le principe de sa propre sanctification, elle fut aussi l'âme de son mi-

1. Mgr Landriot, la prière chrétienne, 5e instruction pastorale.

nistère. Comme le feu pénètre la substance qu'il dévore pour produire la chaleur, la prière a pénétré toute son action au dehors, elle a soutenu son zèle, l'a enflammé; la prière a gardé le Curé d'Ars contre les désespérances, contre les dégoûts. Le P. Gratry a indiqué la prière comme une des *sources* les plus vives pour l'esprit; chez le Curé d'Ars, la prière fut la source jaillissante dont les eaux ont fécondé l'aridité du champ où il les a répandues. En un mot, c'est la prière qui, mettant Dieu au service de ses œuvres, lui a permis de réussir là où tant d'autres échouent aujourd'hui, parce qu'ils oublient d'implorer.

La prière, pour le Curé d'Ars, « c'était le moment le plus heureux de sa vie ». Il conversait avec le Bon Dieu comme un ami avec son ami, et c'est dans ce moment qu'il « commençait à faire ce que nous ferons avec les anges dans le ciel. » Oh! qu'il était heureux que Dieu voulût bien le souffrir en sa sainte présence! qu'il éprouvait de ravissement à recevoir de Lui toutes sortes de consolations! « O mon Dieu, s'écriait-il, que l'homme connaît peu son bonheur (1)! »

Mais, la prière du Curé d'Ars était moins la jouissance de l'âme unie à Dieu, en laquelle, c'est toujours le printemps, que la supplication humble et confiante du pasteur qui tremble pour ses brebis égarées. Aussi passait-il ses journées à l'église, où il entrait avant l'aurore, à conjurer Jésus d'avoir pitié des pauvres gens de sa paroisse, de bénir ses démarches, ses paroles, ses instances; — il y pas-

1. Sermons sur le service de Dieu.

sait quelquefois la nuit, couché comme un petit chien auprès de son Maître. « La prière, dit le P. Gratry, est d'un côté, *demande à Dieu*, et de l'autre, *ordre inculqué aux choses*. L'âme supplie Dieu d'envoyer la vie, et elle ordonne au monde de recevoir la vie, et aux obstacles de disparaître, transportant par la foi les montagnes qui arrêtent la marche du monde. » Telle était la prière du Curé d'Ars.

Les formes préférées de sa prière, est-il besoin de l'indiquer, c'étaient la dévotion au Saint Sacrement et la dévotion à la Vierge Marie.

Un marbre célèbre nous a conservé l'image du Curé d'Ars en prière devant l'autel; l'ardeur de M. Vianney était alors si brûlante que le génie de l'artiste s'en est trouvé réchauffé, et que l'on surprend encore dans ces yeux de pierre des reflets de la flamme que l'amour avait mis aux yeux du *Saint* Curé. « Il enlevait rien qu'en joignant les mains », a déclaré un témoin; si, en voyant la statue on est encore soulevé, qu'était-ce donc à voir le modèle?

Le P. Louis de Grenade a écrit qu'un des effets du Sacrement d'Eucharistie, c'est la communion des mérites de Jésus-Christ, « dont le principal est le fruict de sa tres saincte mort et passion, duquel les fideles sont faicts participans en ce Sacrement. Toutes les fois, donques, que sainctement et devotement, nous recevons ce sainct et divin Sacrement, nous sommes faicts participans du mérite de toutes les douleurs, travaux, injures, *battures* et playes que ce tres doux aigneau a endurées, soit en sa vie, soit en sa mort. » C'est ainsi que le Curé d'Ars se présentait au Père céleste, après la Sainte Messe, et que comme un autre Jésus-Christ, il gagnait les mains jointes « ce que Jésus a gaigné ayant les bras estendus et attachez en la Croix : et que, ce qu'il a acquis avec tres grandes peines et douleurs du corps et de l'esprit (1) », le Curé d'Ars en jouissait avec une douceur ineffable de son âme : je veux dire qu'il opérait par Notre-Seigneur la transformation de sa paroisse.

Et, il aimait Marie de tout son cœur.

Cette dévotion de son enfance, s'était développée encore à l'école de M. Balley. Avec lui, à chaque heure, il avait récité l'*Ave Maria;* avec lui, il avait béni la Sainte et Immaculée Conception de la Sainte Vierge : « O Marie, Mère admirable, que toutes les nations glorifient votre saint Nom et que tous les peuples louent les vertus de votre Cœur Immaculé (2)! » Il ne se lassait pas de l'*Ave Maria;* avec le Bienheureux Grignon de Montfort, et avec tous les saints, il estimait que cette prière est « la sanctification de l'âme, la joie des Anges, la mélodie des prédestinés, le cantique du Nouveau Testament, le plaisir de Marie et la gloire de la très Sainte Trinité. » La Sainte Vierge était pour lui la portière du ciel, l'ouvreuse des trésors de la grâce, et c'est par Elle, que pour les embaumer, il faisait passer toutes ses prières, ses sacrifices et ses ardents désirs. Sans

1. Prédications du R. P. F. Louys de Grenade, mises en françois par N. Colin, chanoine et thrésorier de l'église de Reims. — 1584.

2. Cette prière se récite encore à Ars, elle fait partie du chapelet de l'Immaculée Conception.

doute il avait voué ses paroissiens à Marie Immaculée bien avant de les lui consacrer solennellement en 1836. Lui, aussi, il avait recueilli dans l'intime, cette parole que l'abbé Dufriche Des Genettes, curé de Notre-Dame des Victoires à Paris, entendit un jour en célébrant la messe : *Consacre ta paroisse au très saint et immaculé Cœur de Marie*, et lui, aussi, dut tressaillir de joie, à la vue des merveilles de conversion qui, petit à petit, s'opéraient : c'est par le chapelet qu'il remporta ses premiers triomphes. « Oh! le Cœur de Marie, disait-il, les yeux baignés de larmes, c'est si bon, si tendre pour nous, que nous ne le comprendrons jamais! » Il y recourait dans toutes ses angoisses, dans toutes ses peines : « J'ai si souvent puisé à cette source qu'il n'y resterait plus rien depuis longtemps, si elle n'était pas inépuisable! »

Le Curé d'Ars ne crut pas accomplir tout son devoir de pasteur par la prière seulement : il y a des démons qui ne peuvent être chassés que par la prière et par le jeûne. Il se mit donc à jeûner, c'était déjà presque une habitude, qu'il apportait d'Ecully. « Vous avez prié, vous avez pleuré, vous avez gémi, disait un jour M. Vianney à un curé qui se plaignait de ne pouvoir changer le cœur de ses ouailles, vous avez soupiré,... mais avez-vous jeûné? avez-vous veillé? avez-vous couché sur la dure, vous êtes-vous donné la discipline : tant que vous n'en serez pas venu là, ne croyez pas avoir tout fait ».

Lui, il fit *tout :* il avait consenti à souffrir tout ce que Dieu voudrait pour obtenir la conversion de sa paroisse; ce n'était pas un vain mot.

A ce propos, il faut bien remarquer que Dieu, qui prédestinait le Curé d'Ars à d'héroïques mortifications, l'avait doué d'une puissante ossature et d'une force musculaire peu commune; ensuite, que c'est proprement une merveille qu'il ait pu vivre en se nourrissant si mal, enfin, que les serviteurs de Dieu, comme on l'a fait observer (1), soutenus par la divine Eucharistie, rassasiés du pain des Anges, peuvent mener une vie quasi angélique, puisque leur aliment, c'est Celui qui est la vie véritable, et que leur chair et leur sang sont faits de son sang et de sa chair vivifiante.

Afin de ne rapporter que des choses exactes, je me servirai du cahier où Catherine Lassagne a consigné tout ce qu'elle a vu ou su de M. Vianney, en abrégeant le récit de cette sainte fille.

« Il semblait oublier son corps, dit-elle. J'ai ouï que quelqu'un lui disait : Vous mangez très peu souvent. — Oh! si, répliqua-t-il, deux ou trois fois la semaine. Il n'y avait pas de boulanger à Ars, et M. Vianney donnait tout le pain qu'il possédait, de sorte qu'il ne lui restait que la ressource de vivre avec des pommes de terre et des matefaim. Les pommes de terre, cuites à la marmite, il les mettait dans un panier; il les mangeait froides tant qu'elles duraient, il arrivait même que *des fois*, elles étaient moisies. Quant aux matefaim, c'était le repas de luxe, lorsqu'il avait trop faim; il délayait alors un peu de cette farine que les habitants lui donnaient, dans de l'eau salée, puis, il faisait cuire cette pâte à la poêle : pendant que je mangeais le premier, di-

1. J. Pignatelli.

sait-il en plaisantant sur sa cuisine, je faisais le second, pendant que je faisais le troisième, je mangeais le second; je mangeais le troisième, en arrangeant ma poêle et mon feu, et je buvais un verre d'eau : *en voilà ensuite pour plusieurs jours.*

Il essaya même de vivre sans manger autre chose que de l'herbe. La veuve Renard, qui était sa voisine, le trouva, un jour, dans son jardin avant qu'il l'eût abandonné : Vous mangez donc de l'herbe, Monsieur le Curé? — et M. Vianney, qui achevait en effet de mâcher un peu d'oseille crue, lui répondit : Oui, ma pauvre mère Renard, j'ai essayé de ne manger que de l'herbe, je n'ai pas pu y tenir (1) ».

« Que de fois nous avons eu le cœur navré, s'écrie la bonne Catherine, en le voyant si fatigué et ne pouvant le soulager à cause de ses refus! Il est possible *que ce fût de notre part manque de foi,* car si *on* s'était bien figuré qu'il accomplissait la volonté de Dieu, nous nous serions humiliées devant lui de n'avoir pas le courage de faire comme lui; mais, on ne sait pas si Dieu appelle à cela, ou si le courage manque, mais, il est vrai que je me suis trouvée des fois bien confuse et presque accablée sous le poids de mes misères et de mon peu de vertu, en voyant ce qu'il faisait pour Dieu et son salut, et celui des pauvres pécheurs!... »

O admirable simplicité du sens chrétien qui pénètre jusqu'aux secrets de Dieu, et qui inspire à l'humble fille des réflexions plus justes que les raisonne-

1. « Il semblait se *gendarmer* contre les besoins de son corps, écrit Catherine; un jour, il me dit : je mettrai un morceau de bois sur ma table et je dirai à mon corps : « Mange, si tu veux! »

ments du savoir, quand, au nom de la dignité humaine, ce dernier condamne de tels excès dans la pénitence !

Le Curé d'Ars avait encore d'autres moyens de dompter son cadavre, et c'était comme une nourriture qu'il lui donnait, celle-là, abondamment, je veux dire, les disciplines.

Une ancienne religieuse, venue à Ars, Mlle Lacan, l'entendit se frapper, une fois, pendant au moins une heure : « Elle me dit qu'il semblait se lasser par moments, ensuite, il frappait plus fort; je ne l'ai pas entendu, mais je savais où il cachait sa discipline, qui brillait comme si elle eût été d'argent; il n'était pas rare d'en trouver des morceaux par sa chambre, ce qui m'est arrivé plusieurs fois. Nous avons trouvé des cilices de crin usés, je ne sais duquel il se servait. D'autres fois, on trouvait des petites cordes tout usées qui semblaient avoir serré fortement; il n'était pas rare de trouver son linge ensanglanté aux épaules, et surtout à la place de l'épaule gauche. Il y avait aussi du pus à ces linges, mêlé avec le sang, comme s'il était sorti de dessus une plaie... »

C'est ainsi que le Curé d'Ars se préparait à convertir les âmes, renouvelant, à son insu peut-être, les prodiges de pénitence qu'avait accomplis, autrefois, le curé de Mattaincourt, le Bienheureux Pierre Fourier, dont ses paroissiens disaient ce qu'ont dit les habitants d'Ars : « Pour notre bon curé, nous savons qu'il fait ce qu'il nous recommande, *et beaucoup plus encore.* » Et le peuple, apprenant toutes ces choses, glorifiait cette parole vivante de Dieu, en embrassant la foi, en suivant les préceptes du Seigneur, en se sanctifiant lui-même : c'est la méthode laissée par les Apôtres. « Que de saints, tenant leurs mains élevées dans l'ombre, s'écrie le P. Gratry, n'ont-ils pas envoyé vers le Ciel des ardeurs d'invocations et de prières qui attiraient la vertu! Les soupirs de ces cœurs profonds, la force pressante de leurs désirs, faisaient tressaillir le monde et avancer l'humanité, de même que la brise nocturne fait avancer, sur le sein des mers, des vaisseaux où tout dort. »

« Ah! pauvre âme que l'on t'estime peu!... Jugeons, mes frères, de la dignité d'une âme par celle des anges : un ange est si parfait que tout ce que nous voyons sur la terre et dans le ciel, est moins qu'un grain de poussière en comparaison du soleil; et, cependant, quelque parfaits que soient les anges, ils n'ont coûté à Dieu qu'une parole, tandis qu'une âme a coûté la valeur de son sang adorable. »

(Sermons).

CHAPITRE VIII.

L'ACTION DU CURÉ D'ARS

Saint Cyprien dit que Jésus-Christ lui-même combattait dans la personne des martyrs, ce n'est pas moins vrai des martyrs de la charité. De là vient que l'action des saints est si féconde, non pas, comme écrit Bossuet, que « nous soyons sans mérites, mais, à cause que nos mérites sont les dons de Jésus-Christ, et que ceux de Jésus-Christ en font tout le prix, parce que ce sont les mérites d'un Dieu. »

Une des plus rudes mortifications du Curé d'Ars, on l'a dit (1), ce fut la préparation de ses sermons; — et, si c'est d'abord à l'église, par sa parole, qu'il exerça son action, comme tout prêtre, on ne sera pas surpris que j'en cherche le secret premier dans des sermons, — ni que cette action ait été si efficace.

Le soir venu, M. Vianney s'enfermait dans la petite sacristie qu'on voit encore aujourd'hui. Là, debout, ayant sa crédence pour pupitre, il lisait attentivement, soit les *Prônes* de Messire Claude Joly, soit les *Instructions familières* de Bonnardel, curé de Semur en Brionnais, soit le P. Lejeune; mais surtout, il lisait la *Vie des Saints*, pour y chercher des

1. Le Curé d'Ars, prédicateur et catéchiste, par M. le Chanoine Convert, curé d'Ars, p. 7.

exemples frappants, et, il n'y a pas un seul de ses sermons qui ne contiennent plusieurs traits empruntés à Ribadaneira. Puis, il se mettait à écrire, avec quelle peine, avec quelle patiente application (1)! Vaincu par le sommeil et par la fatigue, il s'assoupissait un instant sur le meuble, il reprenait ensuite son ouvrage jusqu'à ce qu'il fût achevé. Alors, il allait s'agenouiller devant le tabernacle, et, faisant comme le petit chien, il se couchait aux pieds de son Maître.

Sauver des âmes, c'était son unique souci en composant ses discours; en les prononçant, il n'en avait pas d'autre, et, c'est ce qui donnait à sa parole une incomparable autorité.

Peut-on, après cela, parler de la *méthode* du Curé d'Ars? Je veux essayer du moins, en coordonnant différents textes, de ramener tout son enseignement à une idée qui me semble principale : le Curé d'Ars a cherché à atteindre *les parents* d'abord, pour les sanctifier. L'Ecriture ne semble-t-elle pas indiquer cette marche à suivre, quand l'Esprit-Saint nous avertit qu'il ne faut pas faire fonds sur les jeunes gens, parce que les passions qui bouleversent leur âme les rend inconstants, même quand ils ne sont pas mauvais (2)? Comment, d'ailleurs, persuader à des

1. « Il nous a été doux de retrouver les livres que le Vénérable avait consultés, les passages qu'il avait marqués d'un trait, les signets qu'il mettait aux endroits dont il voulait s'inspirer. Jamais nous n'avons mieux compris la somme de travail qu'avaient exigée du Serviteur de Dieu ses instructions du dimanche. » *Id.*

2. Inconstantia concupiscentiæ transvertit sensum sine malitia.

parents de faire pour leurs enfants ce qu'ils ne font pas pour eux-mêmes?

« Une fois bien convaincus, disait M. Vianney à ses paroissiens, de la nécessité où vous êtes de vous sauver, l'on n'aurait pas grand'peine à vous faire comprendre le soin que vous devez prendre de l'âme de vos enfants. Jusqu'à présent vous n'avez rien fait de ce que vous deviez pour conduire vos enfants au ciel.

« Hélas! pauvres enfants, si vous êtes obligés de suivre les exemples de vos parents, que vous êtes malheureux! Il y a des enfants qui ont neuf et dix ans, et qui ne savent pas encore leur prière entière : ils voient leurs parents se jeter, si j'osais dire, sur leur lit comme un cheval sur son fumier, sans faire aucun signe de chrétien. Aussi, ces pauvres enfants sont-ils de bonne heure remplis de vices : ils ont mille fois transgressé les commandements de Dieu. Qu'ils sont malheureux d'appartenir à des parents qui ne travaillent qu'à les rendre malheureux dans ce monde, et encore bien plus dans l'autre!

« Mais, est-ce que c'est bien étonnant? Que sont les parents, et comment se sont-ils préparés à la charge d'élever leurs enfants? Le père souvent n'a point de religion; la mère est un fantôme de chrétienne; tous les deux, ils n'ont jamais songé à de si graves devoirs, et, ils sont entrés dans le mariage avec les mêmes dispositions que les païens, et peut-être encore avec de plus criminelles.

« Les *veillées* ont été, pour le jeune homme, l'école où il a perdu toutes les vertus de son âge, et appris toutes sortes de vices. C'est au sortir de là, qu'ils s'en vont courir, et former des liaisons, qui le plus souvent finissent par le scandale et la perte de la réputation d'une jeune fille. Hélas! il y a de ces pauvres cœurs qui sont aussi brûlés du vice impur qu'une poignée de paille dans un feu! N'ont-ils pas entendu, au cours de la veillée, quelqu'un de ces *vieux sales*, malembouchés, qui n'ont à la bouche que des jurements, des paroles obscènes et de mauvaises chansons? — Véritables *tuyaux* dont l'enfer se sert pour vomir les ordures de ses impuretés! Ne s'y sont-ils pas permis des familiarités qui font rougir? Et des pères et des mères étaient là, qui n'en disaient rien, et des maîtres et des maîtresses gardaient le silence! Qui dira *l'horribilité* d'un tel crime! Maintenant, ces jeunes gens ne savent pas dire la moindre chose sans jurer; ils profèrent des blasphèmes capables d'attirer toutes sortes de malheurs sur une paroisse.

« La jeune fille n'a songé, pendant son adolescence qu'à satisfaire sa vanité et sa mère l'y a aidée, plus empressée à vite regarder si sa fille avait son bonnet bien droit qu'à lui demander si elle a fait sa prière : « Si tu es bien gentille, lui disait-elle, je te laisserai aller à la foire de Montmerle (1) ou à la vogue; — c'est-à-dire si tu fais bien toujours ce que je voudrai, je te traînerai en enfer. » Ah! vous voulez, ma mère, que votre fille fasse des connaissances? elle en fera bien sans que vous vous tourmentiez si

1. On lit, à ce nom, dans le dictionnaire géographique universel (1858) : « bourg de France, sur la rive gauche de la Saône... 3 foires; celle du 8 septembre dure 8 jours et est la plus considérable du département de l'Ain. »

fort; attendez encore quelque temps et vous verrez bien qu'elle les a faites!... Quand le crime éclatera, il sera un sujet de scandale pour toute la paroisse, et si rien n'éclate, votre fille portera, sous le voile du sacrement de mariage, un cœur et une âme gâtés par les impuretés auxquelles elle s'est livrée avant son mariage, source de malédictions pour toute sa vie.

« Et pas plus que le jeune homme, elle n'a prié. Pour lui, l'office commençait toujours trop tôt et finissait trop tard, il s'ennuyait pendant la messe, se grattait, bâillait et s'endormait. Elle, préoccupée d'une danse, ne pensait pas qu'elle se trouvait devant Dieu; elle examinait la manière dont les autres filles étaient arrangées, et leur beauté. C'est avec cette préparation, qu'un jour, ils ont reçu le grand sacrement de mariage. O mon Dieu! avec quelle horreur le ciel peut et doit-il bien regarder de tels mariages! Hélas! que peuvent être et devenir ces pauvres personnes qui reçoivent ce sacrement dans un pareil état?

« Au bout de quelque temps, qu'entend-on dans cette maison? Rien autre, sinon jurements, blasphèmes, imprécations et malédictions. N'est-ce pas là véritablement un enfer anticipé? Le mari se console de son infortune en buvant un coup de vin; il ira manger tout ce qu'il a dans les cabarets, dont il deviendra une *colonne*, en attendant qu'il soit pareil à la *bête la plus brute*. La femme croyait que rien ne lui manquerait en ménage : quel changement, que de larmes, que de repentirs, que de gémissements! Elle ira trouver sa mère : elles pleureront ensemble, mais de quoi serviront ces larmes? L'on est dans le malheur, et il y faut rester jusqu'à la mort. Hélas! que ces mariages sont *épais!* Ah! si l'on pensait à ce que l'on va faire en entrant dans l'état du mariage, les charges qu'il y a à remplir et les difficultés qu'on y trouvera pour se sauver, ô mon Dieu, que l'on se comporterait bien plus sagement!

« Comprend-on, ce que les enfants peuvent devenir? On les voit presque vivre comme des bêtes, et déjà, ils n'ont que des jurements et des mauvais propos à la bouche. Les pères et mères, les maîtres et maîtresses ont à tout moment à la bouche ces paroles : « Ah! charogne d'enfant!.. ah! bête d'enfant, tu ne *crèveras* pas une fois! — » et le reste. O mon Dieu, toutes ces malédictions peuvent-elles bien sortir de la bouche d'un père et d'une mère qui ne devraient souhaiter et désirer que les bénédictions du ciel à leurs pauvres enfants! Et bientôt, *ennuyés* par leurs enfants, les parents fixent, avant Dieu même, le nombre de leurs enfants, ils mettent des bornes aux desseins de sa Providence, et s'opposent à ses volontés adorables.

« Allez, pères et mères réprouvés, allez dans les enfers où la fureur de Dieu vous attend, vous et les belles actions que vous avez faites! Allez, vos enfants ne tarderont pas à vous y rejoindre, puisque vous leur avez si bien tracé le chemin (1)! »

1. Sermons du Vénérable Serviteur de Dieu, J.-M.-B. Vianney, curé d'Ars, publiés par MM. Delaroche, 4 vol. Ces sermons datent des quinze premières années, ou à peu près, du séjour de M. Vianney à Ars. Beaucoup de sermons ont été perdus pas l'incurie de celui qui aurait du avoir à tâche de les conserver soigneusement. Bien

Quand il avait de la sorte conduit ses paroissiens *à deux doigts du désespoir*, quand il les avait atterrés par le tableau de l'enfer des chrétiens, le Curé d'Ars les relevait par la pensée des miséricordes divines.

« O amour immense d'un Dieu pour sa créature! Il nous attend les bras ouverts, il nous ouvre la plaie de son divin Cœur, pour nous cacher à la sévérité de la justice de son Père; il nous présente tous les mérites de sa mort et passion, afin de payer pour nos péchés. Les tonnerres et les foudres du ciel semblent se jeter au pied du trône de Dieu, pour le prier en grâce d'écraser un si misérable pécheur. Ah! non, non, leur dit le Seigneur, cette âme m'a coûté trop cher; je la veux conserver, parce que je sais qu'un jour, elle m'aimera. Mes frères, seriez-vous si durs que de n'être pas touchés de tant de bonté de la part de notre Dieu? Le Seigneur vous aime tant, qu'il vous porte entre ses mains, jusque dans votre vieillesse; il semble fermer les yeux sur vos péchés; il *s'épuise* à vous faire du bien pour gagner votre amour. Qu'est-ce même que nos péchés, si nous les comparons à la miséricorde de Dieu? C'est *une graine de navette* devant une montagne. Oh! vous êtes *fameusement* aveugles! O mon Dieu! comment peut-on consentir à être damné? Pouvoir adorer Dieu, l'aimer et le prier, quel bonheur! Qui pourra jamais le comprendre? Le Bon Dieu, quand il nous ordonne de l'aimer et de l'adorer, veut *nous forcer à être heureux*. Mon Dieu,

avant la fin de sa vie, le Curé d'Ars n'avait plus le temps d'écrire.

donnez-nous la foi, et nous vous aimerons de tout notre cœur. Allez, mes frères, puiser cet amour divin dans les sacrements que vous pouvez recevoir : tout notre bonheur sur la terre est de nous attacher à Dieu.

» O belle religion, que ceux qui vous pratiquent *tout de bon* sont heureux! Que les douceurs et les consolations que vous nous procurez sont grandes et précieuses! Les souffrances mêmes perdent leur amertume par la pensée de la Croix, au pied de laquelle nous apprenons ce qu'est le péché, le prix de notre âme, et l'amour d'un Dieu pour les hommes! »

Enfin, pour ranimer tout à fait leur confiance, le Curé d'Ars ne manquait pas de démontrer à ses ouailles, la bonté de Marie. « Que nous sommes heureux, s'écriait-il, d'avoir une Mère si bonne et si dévouée au salut de nos âmes! Oh! pères et mères, si, tous les matins, vous mettiez tous vos enfants sous la protection de la Sainte Vierge, elle prierait pour eux, elle les sauverait et vous aussi. Vous verriez naître en eux tout ce qu'il y a de plus capable de les rendre agréables au Bon Dieu. Heureux celui qui vit et meurt sous sa protection, l'on peut bien dire que son salut est en sûreté et que le ciel lui sera donné un jour! »

En même temps, il faisait entrevoir aux parents les changements salutaires qui ne manqueraient pas de s'opérer dans la famille. « Une jeune fille viendra s'accuser d'avoir suivi les plaisirs du monde, les danses, les veillées et autres mauvaises compagnies. Après sa confession, si elle est bien faite, allez la demander dans cette veillée, ou bien, allez la chercher dans cette partie de plaisir, que vous dira-t-on? « Voilà quelque temps nous ne la voyons plus; je crois que si vous voulez la trouver, il faut aller ou à l'église ou chez ses parents. » Vous la verrez maintenant faire une lecture de piété, soulager sa mère dans l'ouvrage de son ménage, vous la verrez obéissante et prévenante envers ses parents. A l'église, sa seule présence vous porte à Dieu. Ce jeune homme ne s'occupait que des choses terrestres, mauvaises : à présent, tout son plaisir est de s'entretenir avec son Dieu, et de penser aux moyens de sauver son âme. Oh! les enfants heureux! Oh! les parents chéris de Dieu! Voyez une maison où tous ne vivent que pour Dieu; n'est-ce pas un petit paradis (1)? »

Il n'est guère difficile de comprendre à présent l'influence du Curé d'Ars sur ses paroissiens. Quelle action puissante n'avaient pas sur eux de telles paroles, jointes aux exemples que l'on sait, à la prière et aux pénitences? M. Vianney s'est peint lui-même sans le savoir quand il a loué saint Jean-Baptiste: « Il fut grand par son zèle. Il parlait avec tant d'ardeur, avec un zèle si enflammé qu'il étonnait tout le monde. L'on croyait voir en lui le prophète Elie revenu sur la terre et monté sur son char tout de feu pour convertir les pécheurs les plus endurcis. Rien n'est capable de l'arrêter; partout où il trouve le vice, il le combat avec un zèle inouï... Ah! plût à Dieu que ses ministres d'aujourd'hui fussent tous dans les mêmes dispositions, et que ni les promesses, ni les menaces ne fussent pour eux un sujet de tra-

1. Sermons. — *passim.*

hir leur conscience ! » Il est bien certain, qu'en prêchant, le curé d'Ars n'a jamais trahi la sienne.

L'action du Curé d'Ars ne s'exerçait pas seulement à l'église où il aurait risqué de n'atteindre pas tous ses paroissiens, cette action s'exerçait encore dans les familles par des visites à domicile. Nous avons là-dessus le témoignage de Catherine Lassagne : « *Des premiers temps* qu'il était à Ars, il visitait assez souvent ses paroissiens ; il leur parlait de *leurs affaires de culture.* Ces braves gens étaient contents de voir que leur curé prenait part à leurs travaux et à tout ce qui les intéressait. Ensuite, il leur parlait du Bon Dieu et de sa Providence. Il était bon, compatissant envers tous ; il avait bien profité de la leçon du divin Maître : apprenez de moi que je suis doux et humble de cœur. Un jour, des pauvres gens lui offrirent un peu de soupe qu'ils mangeaient, il en accepta pour ne pas mépriser leur offre et leur faire plaisir. Il parlait aux enfants, aux pauvres et aux petits avec une condescendance vraiment paternelle, et aux grands avec un respect aisé, sans embarras ; — et tous étaient édifiés de ses paroles qui ne tendaient qu'à la gloire de Dieu et au salut des âmes. »

« Ce qui est essentiel à un pasteur, a écrit Mgr Joly de Choin, c'est un esprit de prière qu'il doit porter partout au milieu de ses fonctions ; c'est avant de les commencer d'aller se remplir aux pieds de Jésus-Christ de cet esprit qui les fait exercer saintement pour les ministres, et utilement pour les peuples ; c'est, au sortir de ces fonctions, *d'aller se délasser quelques moments devant Dieu,* et y reprendre de nouvelles forces pour les exercer avec un nouveau zèle; c'est de s'accoutumer à ce commerce secret et presque continuel avec Dieu; se trouver partout avec lui, et prendre de tout occasion de s'élever à lui »; j'ajouterai « et d'y élever les autres », afin que ces lignes, que, sans doute, avait lues M. Vianney, soient bien caractéristiques de son action : quand il s'agit du bien, il n'y a de progrès que de Dieu.

« Tout sous les yeux de Dieu, tout avec Dieu, tout pour plaire à Dieu!... oh! que c'est beau! »

(Esprit du Curé d'Ars).

CHAPITRE IX.

LES AUXILIAIRES DU CURÉ D'ARS.

Quand M. Courbon dit à M. Vianney : « Je vous nomme curé d'Ars », il ajouta après ce qu'on sait : « Vous serez aidé par une brave demoiselle. »

Le premier et le plus efficace des secours lui vint en effet de Mlle d'Ars.

Marie-Anne-Colombe était née à Ars, le 30 juin 1754, de Jean-Louis Garnier, chevalier, seigneur d'Ars, des Garets et autres lieux, sous-lieutenant au régiment des gardes-françaises, et de Colombe-Madeleine Dupré de Saint-Maur, son épouse. L'enfant avait été baptisée le même jour par messire Garnier, curé d'Ars.

Mlle d'Ars avait donc soixante-quatre ans, quand elle connut M. Vianney.

C'était une personne de petite taille, avec un air de grande dame qui lui était naturel, et que sa bonté gracieuse et sa simplicité tempéraient sans l'effacer. Elle avait tout ce qui faisait autrefois le charme de la conversation : une distinction exquise, de la délicatesse et de l'à-propos. Son cœur valait mieux encore que son esprit, et sa piété passait ses charmes; sa charité était sans bornes. Il n'est pas surprenant qu'elle ait bien vite apprécié à sa valeur M. Vianney qui, lui, la tenait pour une sainte.

« Tous les ans, raconte M. Monnin, Mlle d'Ars avait l'habitude d'offrir à M. le Curé, un bouquet de lis, de simples lis. Une année, elle ne put, comme à l'ordinaire, s'acquitter de cet hommage, la veille de la fête; elle le fit, le jour même, à la sacristie. M. Vianney prit le bouquet, en admira la fraîcheur et l'arrangement, et le déposa ensuite sur la fenêtre qui est en plein midi où le soleil ardent de cette saison devait le flétrir en quelques heures. Au bout de huit jours, les lis avaient encore tout leur éclat et tout leur parfum. Ce prodige fit grande sensation; et M. le Curé, mis en demeure de se prononcer sur la singularité du fait, eut bien soin de dire, pour qu'on ne s'avisât pas de croire qu'il y fût pour quelque chose : « Il faut que Mlle d'Ars soit une sainte, pour que ses fleurs se soient conservées ainsi (1). »

L'estime que Mlle d'Ars avait conçue du nouveau curé ne tarda pas à être connue de tout le monde, à Ars; quand on apprit qu'elle avait fait partager à son frère, qui habitait Paris, son admiration pour M. Vianney, les bons se sentirent plus encouragés à suivre de si hauts exemples; les autres, moins hardis dans leurs attaques.

En outre, Mlle d'Ars se fit l'intendant de son curé. Après la Révolution, Ars, qui avait perdu son titre de paroisse, n'avait un curé, pour desservir son église devenue chapelle auxiliaire de Mizérieux, qu'à la condition que les habitants prendraient charge de

1. M. Monnin. Le Curé d'Ars, Vie de M. J.-M.-B. Vianney, édition de 1861, p. 182.

le nourrir. Mlle d'Ars y pourvoyait pour sa part; — on sait ce que devenaient ses largesses. Elle donna aussi à M. Vianney quelques meubles qu'on voit encore dans la chambre du vieux presbytère. Enfin, elle intéressa M. d'Ars aux œuvres de cette pauvre paroisse; — ce ne fut pas d'un petit appoint, pour le curé, nous le verrons.

Autour de Mlle d'Ars se groupèrent de simples femmes; la mère Renard et sa fille, Mlle Pignault, plus tard, Mlle Lacan, Mlle Berger. Ces deux dernières se donnèrent un mal incroyable pour s'ingénier à rendre service à M. Vianney, et, surtout, à lui faire accepter quelque nourriture. « Un jour, dit Catherine, Mlle Lacan essaya de ne pas manger comme lui pendant assez longtemps, elle porta ensuite quelque chose à manger à M. le Curé, qui, la voyant tout abattue, lui dit : « Qu'avez-vous donc? Etes-vous malade? — Non, lui dit-elle, vous ne mangez rien, ni moi non plus. » Il lui répondit en souriant : « Les saints sont *fins!* » Et il lui commanda de manger elle-même ce qu'elle lui avait apporté, ce qu'elle fit, le cœur navré de voir qu'il ne voulut pas accepter ce dont il avait un si grand besoin. »

Toutes ces bonnes femmes, à la suite de Mlle d'Ars, devaient entrer sans peine dans la confrérie du Rosaire qu'allait tenter d'établir M. Vianney; elles furent le ferment qu'on met dans la pâte pour la soulever tout entière; elles entraînèrent les jeunes filles qui furent la première conquête du pasteur. Leurs prières, leurs sacrifices, leur dévouement et leurs exemples en firent ainsi « les ouvrières jamais lassées de son héroïque charité, et l'historien du Curé d'Ars recueille pieusement leurs noms obscurs, pour que sur eux rejaillisse un peu de la gloire qui entoure le nom de M. Vianney (1) ».

Un autre secours vint à M. Vianney du maire, Antoine Mandy. M. d'Ars, en parlant de lui, écrit presque toujours : « *Mon brave* Mandy », cette qualification qui fait honneur à tous deux, était méritée du côté du maire, par une grande droiture et un ferme bon sens. Il le fit bien paraître quand, de tout son pouvoir, il seconda son curé dans les réformes des abus, particulièrement, de la danse et du cabaret (2).

Enfin, il serait injuste d'oublier le nom de ce paysan qui remplit, un jour, le cœur du Curé d'Ars, de tant de sainte allégresse. Le père Chaffangeon entrait chaque jour à l'église, il y restait un long temps, les lèvres closes, le regard presque fixe. « Que dites-vous donc au bon Dieu ? » interrogea M. Vianney. — « Je ne lui dis rien et il ne me dit rien, mais je l'avise et il m'avise ! »

Le Curé d'Ars était transporté. Il ne fallait donc pas désespérer de mettre de l'amour de Dieu au cœur de ses paroissiens ! Quelles actions de grâces renditil, ce jour-là, à Notre-Seigneur ! Peut-être, lui aussi, agenouillé tout près du tabernacle, sans rien dire, *avisa-t-il* longuement Celui dont l'amour élève jusqu'à son Cœur Sacré, les cœurs les plus simples, pourvu qu'ils soient de bonne volonté (3).

---

1. Le Bienheureux Curé d'Ars, par M.-J. Vianey, p. 42.

2. Il n'est pas exact de dire qu'il ait pris l'habitude d'écrire sur les registres de la mairie : *le saint* Curé d'Ars. -- Il écrit simplement : M. le Curé Vianney.

3. M. Vianney avait trop le culte des saints pour n'en pas choisir quelques-uns comme ses protecteurs et ses

« Il ne faut pas considérer le travail, mais la récompense. Un négociant n'envisage pas la peine qu'il a dans son commerce, mais le gain qu'il en retire... Qu'est-ce que vingt ans, trente ans comparés à l'éternité? »

(Esprit du Curé d'Ars).

---

auxiliaires : « il en faisait écrire sur son bréviaire la liste, dit Catherine qui donne la suivante : Saint Jean l'évangéliste, saint Joseph, saint François d'Assise, saint François Régis, saint Louis de Gonzague, saint Louis, roi de France, saint Stanislas; -- sainte Philomène, sainte Collette, sainte Colombe, sainte Euphémie, sainte Reine, sainte Julie, sainte Clémentine.»

CHAPITRE X.

LES RÉSULTATS

« Établi pour la ruine ou la résurrection de plusieurs, il sera un signe auquel on contredira. » Ces paroles ont été non seulement prophétiques pour Notre-Seigneur, mais elles le restent pour tous ceux qui, comme d'autres Christs, travaillent au salut des âmes : elles contiennent l'abrégé de la vie de tous les saints.

M. Vianney ne manqua pas d'obtenir ce double résultat : il souleva de furieuses colères; il fut vénéré et écouté docilement.

« Il a été calomnié, méprisé, *des premiers temps* qu'il était à Ars, écrit Catherine, on allait *corner* sous sa fenêtre; il recevait des lettres de sottises; il ne s'épouvantait pas de cela; il continuait de prier, de travailler au salut des âmes, sans se plaindre, menant (de jour en jour) une vie plus austère. Il disait que c'était un temps des plus heureux pour lui, lorsqu'il était persécuté. » Une fois, un homme entra chez lui et l'accabla d'injures. Après l'avoir tranquillement écouté, sans rien dire, il l'accompagna jusqu'à sa petite cour, et l'embrassa. « Mais, dit encore Catherine, l'effort qu'il avait fait sur son caractère vif, se fit ressentir sur tout son corps;

lorsqu'il remonta dans sa chambre, il devint, dans en instant, couvert de boutons. »

S'il avait été nécessaire, de pareilles violences, loin de lui être nuisibles, eussent servi M. Vianney; mais, déjà ses vertus lui avaient acquis plus que des sympathies, une presque universelle admiration. Chacun disait : *c'est un saint.* Il touchait à la victoire.

Après vêpres, un dimanche, la plupart des jeunes filles restèrent à l'église, avec l'intention de se confesser. M. le Curé vint les trouver : « Si vous voulez, disons ensemble notre chapelet. » De ce jour-là, plusieurs furent converties, entre autres, l'une des plus ardentes au plaisir, qui devint un modèle de vertu pour ses compagnes qu'elle entraîna dans la dévotion, comme elle les avait entraînées à la danse. Un peu plus tard, M. Vianney invita ses jeunes converties à manger des groseilles dans son jardin : « N'êtes-vous pas plus heureuses, demandait-il, et plus contentes que celles qui dansent sur la place? » Puis, il les fit entrer dans sa cuisine, leur lut quelques pages de la vie de sainte Catherine, et leur parla des choses du Bon Dieu. Elles étaient ravies.

Il ne restait plus qu'une ou deux danseuses, qui ne pouvaient *se contenir,* suivant l'expression de Catherine. C'était bien peu pour les jeunes gens. La fermeté du maire à soutenir M. Vianney, les industries de ce dernier qui réussit à renvoyer le ménétrier venu pour jouer des rigodons, achevèrent la déroute des amis du plaisir. Enfin, les hommes, qui avaient peu à peu repris le chemin de l'église, en étaient venus, à leur tour, à vénérer si bien celui qui leur enseignait leurs devoirs avec une sainte hardiesse, qu'ils craignaient maintenant de lui faire de la peine. « Si l'on fait une *vogue* pour la Saint-Sixte, je m'en vais, » put-il leur dire, et l'argument fut si décisif, que les parents usèrent de toute leur autorité pour retenir leurs jeunes gens : on ne dansait plus à Ars.

Restaient les cabarets, ces *boutiques du démon*, où l'on perd sa santé, son argent et son âme. Il y en avait quatre. Trois propriétaires, sur les instances du curé, consentirent à fermer; le dernier, tenu par le père Bachelard, vit sa clientèle décroître à mesure que l'église s'emplissait. Le débitant prit parti de cesser un commerce infructueux : on chantait les louanges de Dieu, les chansons honteuses du cabaret n'attiraient plus. Dans la suite, quelques-uns essayèrent de rouvrir des tavernes, ils n'y réussirent pas : « Si ces maisons ne changent pas d'allure, déclara M. Vianney, on en vendra le mobilier sur la place... tous ceux qui tiendront des cabarets à Ars feront de mauvaises affaires et deviendront pauvres. » Cette malédiction a arrêté pour longtemps les plus intrépides, et jusqu'à présent elle est tombée sur tous ceux qui en ont fait fi.

Enfin, le travail du dimanche, qui avait fait pleurer M. Vianney, disparaissait peu à peu des habitudes. Le pasteur insistait tant là-dessus que quelques-uns l'en trouvaient « ingrat » (1); mais lui continuait ses objurgations : « Si on demandait à ceux qui travaillent le dimanche : Que venez-vous de faire? Ils pourraient répondre : Je viens de ven-

1. C'est-à-dire : désagréable, ennuyeux.

dre mon âme au démon, de crucifier Notre-Seigneur et de renoncer à mon baptême... Quand j'en vois qui charrient le dimanche, je pense qu'ils charrient leur âme en enfer... L'homme n'est pas seulement une bête de travail, c'est aussi un esprit créé à l'image de Dieu; il ne vit pas seulement de pain, il vit de prière, il vit de foi, d'adoration et d'amour. Je connais deux moyens bien sûrs de devenir pauvre : c'est de travailler le dimanche et de prendre le bien d'autrui. »

On finit par l'écouter, et l'heureux curé put s'écrier au comble de la joie : « *Ars n'est plus Ars!* »

Le P. Gratry a souvent parlé d'une cité idéale où tous les habitants s'aimeraient. « Seigneur, dit-il, cette cité n'était pas le ciel même. J'ai seulement entrevu sur la terre une plus grande réalisation qu'on ne l'a vue encore de votre divine prière : Que votre règne arrive, que votre volonté soit faite en la terre comme au ciel!... Oui, Seigneur, si dans une ville toutes les âmes pouvaient avoir l'amour que vous donniez alors, il en serait ainsi : cette ville embellirait la terre et s'élèverait vers le ciel pour y régner toujours! »

Ces lignes ne sont pas trop au-dessus de ce qu'on pourrait dire du village d'Ars redevenu chrétien. « Alors, dit M. Monnin, Ars prit cette physionomie grave et religieuse, qui ne ressemblait à rien de ce qu'on voyait ailleurs. » Après deux ans environ de luttes, de prières, de jeûnes et de mortifications, M. Vianney voyait donc ses efforts magnifiquement récompensés (1).

1. Ce n'est pas à dire qu'au bout de ce temps, la paroisse ait été convertie tout entière.

Il y a dans le registre des délibérations de la mairie d'Ars, quelques lignes qui sont l'irrécusable témoignage de la vénération qu'on éprouvait pour M. Vianney. C'était en 1821, avec l'appui de M. le vicomte d'Ars à Paris, les habitants du village demandaient au roi que leur église fût détachée de Mizérieux et rétablie en paroisse (1). Or, s'ils font valoir, entre autres, cette raison, qu'ils ont voulu avoir un prêtre à leurs frais et que pour l'obtenir ils se sont imposé des sacrifices, ils ont hâte d'ajouter : « Sans doute, ils sont loin de s'en plaindre, puisqu'ils sont amplement dédommagés par le bien infini que répand le vertueux ecclésiastique qui leur a été accordé. » C'est un peu gauche, mais qu'il fallait que la sainteté et les bienfaits de M. Vianney fussent éclatants pour être consacrés de la sorte par les gens du pays... et que ceux-ci ne regrettassent point leur argent !

Un événement, survenu en avril 1820, n'avait pas été sans influer sur ce mouvement des cœurs et des esprits vers le bien.

L'abbé Vianney, par les jeûnes et les pénitences qu'il s'était imposées, était venu à bout de ses forces. Ses supérieurs inquiets l'avaient donc nommé à Salles, dans le Beaujolais, pensant que ce poste conviendrait mieux à sa santé.

Les habitants d'Ars employèrent alors toutes sor-

1. On lit dans la même délibération cette phrase, qui, bien qu'elle soit un plaidoyer *pro domo*, laisse à penser qu'on a parfois exagéré le tableau de l'irréligion à Ars avant M. Vianney : « Les vicaires généraux (de Lyon) n'en ont pas moins exprimé qu'ils regardaient la paroisse d'Ars comme une des plus dignes de la faveur du rétablissement à cause de sa fidélité et de son zèle pour la religion. »

tes de moyens pour garder leur curé; surtout, ils se rendirent compte que rien ne le déciderait mieux à rester parmi eux que leur entière docilité à suivre ses enseignements. Cependant, le curé d'Ars avait fait charger son petit mobilier et l'avait fait acheminer vers Salles, pour obéir aux ordres de l'archevêché. L'émotion était vive à Ars; plusieurs se lamentaient, quand on apprit que la Saône démesurément grossie n'avait pas permis aux barques de passer sur l'autre rive. Les protestations de fidélité se firent encore plus pressantes, tellement que M. Vianney écrivit au grand-vicaire qu'il ne pouvait se résoudre à quitter de si bons paroissiens. Quant à sa santé, disait-il, il la retrouverait aussi bien à Ars qu'à Salles. M. Courbon n'insista pas. Seulement, les gens d'Ars eurent peur, en résistant à M. Vianney, de s'exposer à le perdre : le saint curé en profita pour établir dans sa paroisse des confréries.

« La fin pour laquelle elles sont établies, disait-il à ses paroissiens, est si précieuse et si propre à nous porter à les *embrasser* que, quand nous voulons réfléchir sur leur fin, nous ne pouvons comprendre qu'un chrétien qui désire tant soit peu de se sauver et plaire à Dieu, puisse ne pas s'en mettre. Disons seulement un mot là-dessus.

« Pourquoi est-ce que la confrérie du Saint Sacrement est établie? Pour remercier Dieu d'avoir institué ce grand sacrement d'amour, pour lui demander pardon du mépris que l'on fait de sa sainte présence. Celle du Saint Rosaire, pour honorer la vie cachée, la vie souffrante de Jésus-Christ, sa vie glorieuse, pour honorer les glorieux privilèges de la Très Sainte Vierge. Celle du Cœur sacré de Jésus, pour honorer ce Cœur adorable qui nous a tant aimés et qui nous aime tant... (1) »

Les personnes qui se groupaient le soir autour de M. Vianney formèrent le noyau de la Confrérie du Rosaire : la veuve Renard, Mlle Pignault; ensuite, il y enrôla les jeunes filles pour assurer leur persévérance. « La joie du pasteur était au comble, écrit l'abbé Monnin, lorsque, à la chute du jour, il voyait s'acheminer vers l'église, en groupes nombreux, des représentants de toutes les familles qui venaient un instant s'y reposer, dans le sein de Dieu, de leurs rudes travaux. » C'est de ce temps que date la prière du soir à Ars, le Bienheureux n'y manqua jamais. Le 23 février 1820, il y avait assez de personnes, femmes et hommes, pour permettre l'érection canonique de la confrérie. Il fut plus difficile de grouper les hommes dans la confrérie du Saint Sacrement, qui existait à Ars, avant M. Vianney, lequel, pour accroître le nombre de ses membres, y fit entrer des femmes et des jeunes filles : Mlle d'Ars fut une adoratrice modèle. En 1839, fut érigée la Confrérie du Sacré-Cœur, ceux qui en faisaient partie étaient tenus à une heure d'adoration par mois.

Ars commençait de présenter le spectacle d'une véritable communauté chrétienne, que tant de pèlerins devaient admirer plus tard.

M. Vianney voulut qu'une fête solennelle marquât pour ses paroissiens le changement de leurs

1. Sermon sur les *Indulgences*, pour le 1er dimanche de Carême.

mœurs. M. d'Ars venait d'envoyer de Paris, de riches bannières et de superbes chasubles : « Mes frères, dit l'heureux curé, j'ai formé le projet de vous mener tous en procession à Fourvières, rendre grâces à la Très Sainte Vierge, et lui faire hommage de ces richesses : c'est elle qui les bénira. Nous nous consacrerons à elle en même temps; il faut qu'elle nous convertisse. »

Par un beau soleil de mai 1823, la paroisse joyeuse s'ébranla tout entière, au son des cloches, en déployant ses bannières, en chantant des cantiques. Le bateau emmena les pèlerins jusqu'à Lyon. « En débarquant, écrit Catherine, nous nous sommes dirigés en procession pour monter la sainte montagne et notre saint Curé a célébré le Saint Sacrifice de la Messe. Un grand nombre de paroissiens ont fait la sainte Communion. Après la messe, on est sorti prendre quelque chose, mais notre saint Curé est resté en prières dans la chapelle et n'a rien pris, il s'en est retourné à jeun... »

Le 1er mai 1836, il consacra de nouveau sa paroisse à Marie-Immaculée. Dans un cœur d'or qu'il suspendit au cou de la statue de la Vierge, il fit renfermer les noms de toutes les familles d'Ars; il voulut qu'un tableau placé à l'entrée de la chapelle perpétuât la mémoire de cette consécration. En même temps, il faisait déposer dans la chapelle de Fourvières la même inscription sur une plaque de tôle : *Consécration de la paroisse d'Ars à la Vierge conçue sans péché,* comme un ex-voto d'action de grâces et une prière perpétuelle qui conjure Marie de garder sous sa protection la paroisse d'Ars. Cette plaque, retrouvée récemment, se voit dans un beau cadre de bois, dans la vieille chapelle de Fourvières. Il fit plus. Il engagea tous les paroissiens à se procurer une image de la Sainte Vierge pour la placer dans chaque maison. On écrivit au bas le nom du chef de famille et le texte de la consécration à Marie Immaculée, et, sur toutes ces images, le bon curé mit sa signature, comme pour en faire une pièce officielle (1), un vrai traité entre la Reine du Ciel et ses paroissiens que, depuis longtemps, il avait l'habitude de consacrer à la Sainte Vierge, pendant la nuit.

Toutefois, pour être exact, il faut dire qu'il y eut toujours à Ars quelques mauvaises têtes qui résistèrent à toutes les prières et à tous les efforts de M. Vianney. Déjà, à Mattaincourt, il y avait eu, pour Pierre Fourier ce qu'il appelait sa *bande perdue*. Les historiens disent qu'il en vint à bout : le curé d'Ars n'y réussit pas.

« Ah ! mes frères, si nous avions la foi ! si nous étions bien pénétrés de la présence de Notre-Seigneur, qui est là sur nos autels, avec ses mains pleines de grâce, cherchant à les distribuer, avec quel respect nous serions en sa sainte présence ! Oui, mes frères, maintenant que Notre-Seigneur est là, exposé sur l'autel, oui, si vous lui demandiez de tout votre cœur votre conversion, vous l'obtiendriez !... »

(Manuscrit de Catherine Lassagne).

1. On apportait à Ars, il y a quelque temps une image de Marie, avec ce titre, *La médaille miraculeuse*, on y lit ces lignes écrites à la main : « Moi, Antoine Décombe, me consacre à Marie conçue sans péché, ainsi que mon épouse, Marie Peyron, et toute ma famille, le 14 janvier 1846. — Signé, Jean-Marie V. curé.

CHAPITRE XI.

L'ÉGLISE D'ARS

C'ÉTAIT une bien pauvre église de campagne que le modeste édifice où résidait Dieu, quand M. Vianney vint à Ars. A l'intérieur, une seule nef plafonnée, un chœur étroit; au dehors, un clocher sans élégance et très peu élevé. A l'entour un cimetière, une place plantée de noyers, où l'on dansait (1). Il était bien évident que la paroisse chrétienne ne pouvait plus se résigner à laisser les choses en cet état de délabrement, le curé moins que tout autre. Il avait la passion des beaux ornements, des riches chasubles; rien ne lui coûtait pour *monter le ménage* du bon Dieu.

La commune d'Ars était pauvre, elle avait besoin de s'imposer extraordinairement pour payer le garde-champêtre. Les habitants n'avaient guère plus de ressources, c'est donc M. Vianney qui se chargea seul de pourvoir à la décence, à l'agrandissement et à la décoration de l'église. Mais la Providence, qui devait venir à son secours par tant de moyens merveilleux, commença par lui envoyer un collaborateur zélé dans la personne de M. le vicomte d'Ars.

Ce qui pressait le plus, c'était l'achat d'une clo-

1. On dansait aussi sur une autre place, au bas du village, où, aujourd'hui, il y a une croix.

che pour convoquer les fidèles, d'abord en petit nombre, qui venaient à la messe du matin et à la prière du soir. Le 24 janvier 1819, M. Vianney achetait chez un marchand de Lyon, une cloche qui pesait 522 livres. Ce fut insuffisant : le clocher n'était pas assez élevé, et le son de la cloche trop grêle. L'année suivante, au mois d'août, le clocher fut *remonté* et M. le curé Vianney acheta une cloche d'un *millier*.

A l'intérieur, son premier soin, on le devine, fut d'élever une chapelle à la Sainte Vierge (1). Elle fut commencée en 1820; M. Vianney la bénit le 6 août, jour de la fête patronale, qui n'était déjà plus guère une fête baladoire. En 1822, le plafond de l'église tomba en partie; pour le refaire, ce qui coûta 459 fr. 20, la commune, cette fois, s'imposa extraordinairement.

En 1823, la chapelle de Saint-Jean-Baptiste était achevée; elle fut bénite par M. Loras, supérieur du petit séminaire de Meximieux, le 24 juin. Les frais furent supportés par M. Vianney. « On lui conservera une longue mémoire », note le maire Mandy. En 1824, le curé d'Ars, qui avait appris à ses paroissiens à réciter l'*Ave Maria*, quand ils entendaient sonner l'heure, fit placer une horloge au clocher, afin, que, répandus à travers champs, ils pussent rester fidèles à cette pieuse pratique. On ignore la date de la construction des trois autres chapelles :

1. Depuis 1752, il y avait un autel de la Sainte-Vierge, dans l'église d'Ars : « Le septième du mois d'août de l'année mil sept cent cinquante deux, je soussigné ai béni l'autel de la chapelle dédiée à la Sainte Vierge dans l'église d'Ars, — la dite chapelle construite presque entièrement à mes frais, quoique les habitants eussent promis d'y participer, mais... Garnier, prêtre ».

de Sainte-Philomène, de l'*Ecce Homo* et des Saints-Anges, cette dernière est la plus récente.

M. le vicomte d'Ars, de son côté, envoyait, dès 1823, de riches bannières, puis, un dais brodé d'or sur fond rouge, une chasuble dorée, un tabernacle et une exposition de bronze. C'étaient des merveilles pour Ars où l'on n'avait jamais rien vu de si beau, et M. Vianney ne pouvait se tenir d'appeler ses bonnes femmes les unes après les autres : « Mère, mère, venez donc voir de belles choses avant de mourir ! »

En 1826, l'église d'Ars fut agrandie par les soins de M. d'Ars, de huit pieds moins quatre pouces. On fit à l'intérieur une belle tribune, à l'extérieur, la façade qu'on voit encore, et qui, en 1844, fut surmontée d'une statue de la Vierge conçue sans péché. Déjà, M. Vianney avait fait agrandir le chœur de l'église, renouvelé les boiseries et le maître-autel. Enfin, en 1828, le perron qui conduit à l'église était construit. Ainsi, l'église se trouvait prête pour recevoir les pèlerins qui allaient affluer de toutes parts. M. Vianney n'avait-il pas obéi à une impulsion divine? On peut le croire. Pendant que M. Loras bénissait la chapelle de Saint-Jean-Baptiste, M. Vianney ravi, disait à ses paroissiens : « Si vous saviez ce qui s'est passé dans cette chapelle, vous n'oseriez pas y mettre les pieds. » Est-ce qu'il avait eu la révélation du bien qui s'opérerait dans les âmes? entrevoyait-il déjà les foules qui se presseraient autour de cette chapelle? « Si le Bon Dieu voulait, il vous le ferait bien connaître, moi, je ne vous en dis pas davantage. » Ce qui suit ne sera pas autre chose que cette révélation par les faits.

 ANCIENNE ÉGLISE D'ARS.

« Parcourez tous les tableaux de cette église, et vous verrez que la moindre réflexion vous touchera et vous donnera l'heureuse pensée de mieux faire et de vous convertir; vous verrez en même temps ce que vous avez coûté à Jésus-Christ, ce qu'il a fait pour votre salut, et combien vous êtes malheureux de ne pas l'aimer. »

(Sermons).

CHAPITRE XII.

L'ACTION AU DEHORS

Une ordonnance royale du 20 juin 1821 rétablissait en succursale l'église de la commune d'Ars. Une des raisons alléguées à la fois par M. d'Ars et le conseil municipal de la commune était celle-ci : le rétablissement de cette succursale n'est pas moins nécessaire au bien de la religion dans ce pays qu'aux habitants d'Ars eux-mêmes. En effet, la commune d'Ars est limitrophe du pays fiévreux de la Bresse et de la Dombes, et, sous ce rapport, il importe essentiellement au bien général qu'elle ait toujours un desservant qui puisse suppléer en toute occasion les desservants des paroisses voisines, soumis trop souvent aux maladies et aux influences du climat. Que valait au juste la raison? Je l'ignore. Mais, il est certain que M. Vianney a suppléé plusieurs de ses confrères du voisinage. C'était pour lui l'occasion d'atteindre un plus grand nombre d'âmes; sa réputation de sainteté s'infiltra profondément par là dans le pays, pour commencer à attirer vers Ars les pécheurs et les justes.

On le vit souvent à Mizérieux, chez M. Ducreux, ancien supérieur du séminaire métropolitain de Saint-Jean, à Lyon. M. Vianney fut son vicaire, jusqu'à la séparation des deux paroissès. On ne lit toutefois que très rarement sa signature dans le registre de catholicité. Il prêchait et confessait. Il avait remarqué que les hommes, à la prière du soir, pendant le carême, ne se gênaient pas pour sortir, tandis qu'il parlait encore, il commença donc ainsi une de ses instructions : « Ce soir, je vais prêcher sur le vol; s'il y en a quelques-uns qui se sentent coupables, qu'ils sortent avant que je commence. » Personne ne bougea plus.

Depuis le mois d'avril 1820, jusqu'au 15 mai de l'année suivante, il remplit régulièrement les fonctions curiales à Savigneux. « J'ai peur de me damner, disait-il, en ne travaillant pas assez »; son zèle exagérait ses loisirs. Au cours des années suivantes, et jusqu'en 1826, on retrouve le nom de M. Vianney, dans les actes de cette paroisse. En 1823, Catherine Lassagne devait être marraine d'un enfant de Pierre Lassagne et de Françoise Thomas, qui habitaient Juys, hameau de Savigneux. Le bon M. Vianney, pour faire plaisir à celle qu'on peut, sans exagération, appeler sa sainte amie, alla faire ce baptême à Savigneux, le 15 juillet. Son dévouement touchait l'héroïsme, quand il s'agissait des malades. Un jour qu'il était malade lui-même, on vint le chercher pour administrer un moribond, à Savigneux; il partit aussitôt, sans compter avec la fatigue : on dut le ramener en voiture, il n'avait plus la force de marcher. Catherine assure, qu'en l'absence des curés, il fut demandé par des malades, soit à Villeneuve, soit à Rancé, soit à Saint-Jean de Thurigneux, et jusqu'à Ambérieux. « Si c'était un dimanche qu'il était appelé, écrit-elle, sans rentrer chez lui, il partait de suite après qu'il avait dit la grand'messe, et rentrait pour dire vêpres, sans prendre aucune nourriture : c'est ainsi qu'il se sacrifiait pour le salut des âmes. »

Mais, c'est surtout au cours des *missions* qui furent prêchées aux alentours qu'il fit éclater au dehors son zèle apostolique et sa sainteté, sans y penser. Il partait d'Ars le dimanche après les vêpres pour ne revenir que le samedi, vers le soir. « Je lui disais quelquefois, raconte Catherine : les autres missionnaires courent après les pécheurs, jusque dans les pays étrangers, mais, vous, les pécheurs vous courent après. — C'est bien quasi vrai, » répondait-il avec un sourire.

Sa modestie et son esprit de mortification furent mis parfois à de plus rudes épreuves, par exemple, à Trévoux.

Au commencement de l'année 1823, une mission fut prêchée par les *chartreux* de Lyon. M. Pasquier, curé de Trévoux, avait demandé M. Vianney à titre de confesseur. Or, il y eut un si grand empressement de la foule autour de son confessionnal, probablement mal assis, qu'il fut emporté, comme en triomphe. De passage dans la petite ville, Mgr Devie, l'évêque du nouveau diocèse de Belley, agrandi aux dépens du diocèse de Lyon, voulut avoir à table à ses côtés son curé d'Ars. « Il n'a pas seulement une ceinture, » dit quelqu'un ; à quoi un ancien répondit : « Le Curé d'Ars sans ceinture en vaut bien un autre avec sa ceinture. — Très bien appliqué », dit à son tour l'évêque. Le pauvre Curé d'Ars était plongé dans la confusion la plus profonde.

Le même bien qui s'était fait dans les âmes par le

ministère de M. Vianney, à Trévoux, s'opéra dans la suite à Saint-Bernard, à Montmerle, à Lima en Beaujolais, à Saint-Trivier sur Moignans.

Le Curé de Saint-Bernard qui avait appelé M. Vianney à l'occasion d'un jubilé, aimait à répéter en riant : « J'ai un bon ouvrier : il travaille bien et ne mange rien. » C'est là, que les domestiques de fermes, dit-on, proposèrent à leurs maîtres de les payer pour le temps qu'ils passeraient au sermon. A Saint-Trivier, même succès, qu'une aventure qui fit quelque bruit et que nous raconterons plus loin, contribua à assurer.

Il faut remarquer encore qu'aux retraites pastorales, à Bourg, où il commença d'assister après 1823, le curé d'Ars ne manqua pas d'impressionner grandement ses confrères. En ce temps, les prêtres avaient coutume de traverser la ville, depuis le grand séminaire de Brou jusqu'à l'église paroissiale de Notre-Dame. Là, devant les fidèles édifiés, tous recevaient la sainte communion, et renouvelaient leurs promesses cléricales. Ne peut-on pas songer que les habitants de Bourg remarquèrent surtout un prêtre à la mine chétive, qui semblait harassé, mais, dont le visage s'éclairait d'une joie paisible et lumineuse, — comme si un rayonnement de l'Hostie l'eût pénétré tout entier? Peut-être, est-ce là, dans l'église, que la jeune Alix de Belvey entrevit, dans ce ravissement, celui qui allait devenir le conseiller de toute sa vie et son modèle en sainteté. Au moment du procès canonique, elle révélera mieux que personne les vertus héroïques de M. Vianney; sans doute, elle n'attendit pas cette époque pour propager, dans la région de Bourg, le renom du Curé d'Ars.

Enfin, les pauvres qui passaient à Ars, dont M. Vianney achetait le pain noir, les pauvres, eux aussi, en allant de pays en pays, contribuèrent à étendre la réputation de sainteté de celui qui ne manquait pas de leur dire chaque fois : « Mes enfants, il faut bien aimer le Bon Dieu ; aimez-le bien, il est si bon ! » Ils racontaient que ce curé était plus pauvre qu'eux, et qu'il savait donner jusqu'à ses habits, n'en conservant pour lui que d'usagés et de rapiécés. « C'est un saint du Bon Dieu, » affirmaient-ils.

Le pèlerinage allait résulter de tout cela.

« L'homme créé par amour ne peut vivre sans amour : ou il aime Dieu, ou il aime le monde. Celui qui n'aime pas Dieu attache son cœur à des choses qui passent comme la fumée. »

(Esprit du Curé d'Ars).

CHAPITRE XIII.

LA PROVIDENCE D'ARS.

Il n'y avait à Ars, au commencement du XIXe siècle, ni maître ni maîtresse d'école; un étranger qui venait chaque hiver instruisait tant bien que mal filles et garçons. M. Vianney ressentait de la peine de cet état de choses, il y voulut remédier. D'abord, il fit instruire deux jeunes filles d'Ars, Catherine Lassagne et Benoîte Lardet, chez les Sœurs de Saint-Joseph, à Fareins. Puis, il chercha une maison, la trouva avec du terrain adjacent, à l'orient de la place du village, l'acheta, se fit enfin, pour l'agrandir et la transformer, architecte, maçon et menuisier. — Ce fut sa *Providence,* qu'il construisit vers 1822. Les *directrices* revinrent, à la fin de 1824 ou au début de l'année suivante, pour faire la classe aux petites filles, non seulement de la paroisse d'Ars, mais encore des paroisses voisines, et, comme il fallait les loger et qu'on n'avait pas de moyens dans les commencements, ainsi que l'avoue Catherine, les parents apportèrent des lits, des draps, des provisions de toute sorte. Il y eut dans la suite, quand les ressources furent plus abondantes, jusqu'à soixante enfants qui étaient nourries et en partie entretenues dans cette maison du Bon Dieu. M. Vianney y reçut de grandes jeunes filles de quinze ans et même davantage, auxquelles il fit apprendre à lire, à écrire et à travailler de leurs mains.

Pendant vingt-quatre ans, on put avoir sous les yeux cette œuvre de la *Providence*, soutenue seulement par dés moyens surnaturels, sans revenus, sans capitaux, avec une dépense moyenne de six à sept mille francs par année. Ce n'était pas le plus beau de l'affaire.

Les vertus qu'on pratiquait à la Providence émerveillaient. Il est vrai qu'il y avait là deux maîtres incomparables : M. Vianney et Catherine Lassagne. C'est à la Providence que prirent naissance les fameux catéchismes du Curé d'Ars; c'est pour instruire ces filles, petites et grandes, qu'il prit l'habitude de parler si simplement et si suavement de l'amour de Dieu pour les âmes; et ces enfants, à cette parole, se trouvaient, dit Catherine, tout étonnées d'avoir attendu jusque-là de comprendre la religion et leurs devoirs. Toutes voulurent bientôt se confesser sérieusement; « des fois, ces confessions duraient un peu longtemps, monsieur le Curé ne les pressait pas, parce qu'elles s'instruisaient de plus en plus, et ces pauvres enfants n'étaient plus les mêmes ensuite. D'étourdies elles devenaient de ferventes chrétiennes qui ont persévéré dans le bien. Plusieurs ont été religieuses, d'autres de bonnes mères de famille, d'autres de bonnes domestiques, excepté un très petit nombre qui n'ont pas persévéré. »

« J'ai ouï dire souvent à Monsieur le Curé que ce ne serait qu'au jour du jugement qu'on verrait le bien qui s'était fait dans cette maison de providence. »

C'est là, au milieu de ses « petites » que le Curé d'Ars venait se reposer de ses courses apostoliques, se consoler des afflictions que causaient à son âme les offenses faites au bon Dieu, par le spectacle des vertus qui croissaient dans le cœur de ces enfants, comme de beaux lis auprès des fontaines. « Quand une âme est pure, disait-il, tout le ciel la regarde avec amour ; » pour lui, il aimait ce cercle de têtes blondes qui l'entouraient, ces yeux naïfs qui se fixaient sur lui, ces sourires de l'innocence gracieuse, et il se laissait aller à parler avec transport du pouvoir que les âmes pures ont sur le cœur de Dieu. Bientôt, il prit l'habitude de les faire prier toutes les fois qu'il implorait quelque grâce spéciale : « Comment, disait-il encore, comment Dieu résisterait-il à la prière de ceux qui vivent en Lui et pour Lui ? L'âme pure enchaîne la volonté même du Tout-Puissant. »

Ce fut vrai non seulement des grâces spirituelles, mais aussi des secours matériels que M. Vianney ou les orphelines reçurent plus d'une fois de façon merveilleuse.

« Une fois, raconte Catherine, quand on était dans la Providence de Monsieur le Curé, il n'y avait pas assez de farine pour faire une fournée de pain, et, on ne pouvait pas en avoir, parce que le moulin s'étant dérangé, le blé qu'on avait à ce moulin ne pouvait pas faire de la farine. Il en restait tout au plus à la maison de quoi faire trois pains, car il me semble que c'est un peu exagérer de dire qu'on en aurait fait quatre. Cependant, quoi qu'il en soit, on a porté ce peu de farine qu'on a pétrie et il s'est trouvé la pleine *pétrière* de pâte, comme à l'ordinaire, où l'on mettait un grand sac de farine. On en a fait dix gros pains, pesant chacun vingt ou vingt-deux livres, c'est-à-dire, le plein four, comme à l'ordinaire, au grand étonnement de celles qui en étaient témoins. Une d'entre nous avait dit à celle qui pétrissait : « Nous allons nous trouver sans pain, puisqu'on ne peut pas avoir de la farine ». Alors, elle dit : « Si l'on cuisait le reste de la farine? C'est bien peu, mais cela ferait toujours quelque chose. » La première répondit : « J'y ai pensé, mais, je veux demander conseil à Monsieur le Curé »; et Monsieur le Curé fut d'avis de cuire ce qui restait de farine. Demanda-t-il à Dieu cette multiplication, ou demanda-t-il simplement au Bon Dieu d'avoir soin de ses enfants? Quoi qu'il en soit, on est convaincu que ce miracle s'est fait en considération du bon saint Curé. »

Il est arrivé à M. Vianney de trouver chez lui de l'argent miraculeusement, ou d'en recevoir d'une façon tellement opportune qu'il était bien difficile de n'y voir pas un secours de la Providence. Tous ces faits sont déjà connus.

M. Vianney prenait quelquefois plaisir à servir lui-même les enfants à l'heure des repas. « Un jour, ayant un plat de courge, j'étais un peu dans l'appréhension, dit Catherine, qu'il n'y en eût pas pour toutes. Me voilà toute déconcertée. Monsieur le Curé arrive, lorsque j'allais servir les enfants; il prend mon plat, et les sert avec abondance, leur donnant à chacune une grosse portion; moi, toujours inquiète, quand je vis comme il les servait, je m'approchai et lui dis tout bas : « Monsieur le Curé, il n'y en a pas pour aller au bout de la table! » Il ne me répondit rien, continuant sa besogne. Je ne me rappelle pas s'il y en a eu de reste, mais les enfants furent toutes copieusement servies. »

Evidemment, la paroisse entière connut bientôt ces miracles : on en colporta le récit dans les paroisses voisines, et ces merveilles ne contribuèrent pas peu à attirer de tous côtés les gens, vers le petit village d'Ars, où nous allons les suivre.

« Non, mes frères, il n'y a point de vertu qui nous fasse mieux connaître si nous sommes les enfants du Bon Dieu, que la charité. »

(Sermons).

CHAPITRE XIV.

LES COMMENCEMENTS DU PÈLERINAGE.

« De sa bouche coulaient des paroles plus douces que le miel; » cet éloge qu'a fait du sage le plus célèbre des poètes grecs, convient en toute vérité au Curé d'Ars. Les pécheurs lui *couraient après*, suivant l'expression de Catherine, et les justes qui avaient reçu de lui de si sages conseils n'étaient pas moins empressés de retrouver à Ars le bon Père qui les avait guidés dans la voie difficile des perfections.

Les affligés et les malades, au bruit des merveilles que la renommée augmentait encore, commencèrent aussi d'accourir auprès de M. Vianney, pour lui raconter leurs malheurs ou leurs souffrances, et recevoir de son cœur, ces paroles qui allaient sûrement à leur cœur altéré, comme une rosée de consolations qui faisaient épanouir l'espérance. Parfois, le malade s'en allait guéri, l'angoissé retournait avec la paix, et tous proclamaient partout les vertus et la bonté du *Saint* Curé d'Ars. « Mais ce qui a le plus augmenté l'affluence, écrit Catherine, c'est M. le Curé par ses prières pour la conversion des pécheurs. *La grâce qu'il obtenait était si forte qu'elle allait les chercher sans leur laisser un moment de repos.* »

C'est la plus complète et la plus juste explication du prodigieux concours des pèlerins à Ars (1).

Le mouvement commença aussitôt après les missions, c'est-à-dire, vers 1824 ou 1825. Il fut d'abord local, puis s'étendit petit à petit : le Beaujolais, le Lyonnais, le Forez, la Bresse s'ébranlèrent pour se mettre en route, puis les autres provinces, puis toute la France, puis l'étranger, comme on le vit, vers le milieu du siècle; mais n'anticipons pas. En 1827, l'affluence des étrangers était déjà considérable. M. Monnin l'a noté, d'après une lettre écrite à cette date. Nous avons, en 1829, le témoignage de M. l'abbé Cottin, curé de Montmerle-sur-Saône.

« Allons voir le Curé d'Ars, dit-il un jour à son vicaire, l'abbé Vernez, puisqu'on en dit tant de choses. » Avant de partir, il commanda un bon gigot à sa sœur; il avait sans doute appris que ce n'était pas une vaine précaution.

Le curé, sa sœur, et le vicaire arrivèrent à Ars, vers neuf heures du matin. L'église était trop petite pour contenir la foule, qui semblait plus dense encore autour du confessionnal de M. Vianney. Aussi ne purent-ils voir le Curé d'Ars, qu'à l'heure du repas, vers midi. L'abbé Cottin se fit connaître avec ceux qui l'accompagnaient : « Vous allez dîner à la cure, dit en souriant M. Vianney, je n'aurai peut-être pas grand'chose à vous offrir... » Malicieusement, le curé de Montmerle répliqua : « Comment! est-ce qu'un confrère ne doit pas recevoir de son mieux le confrère qui vient le visiter? — Oui, mon

1. L'abbé Monnin n'a pas manqué de signaler ces mots de Catherine. Vie, t. II, p. 9.

ami, aussi vous trouverez chez moi du pain et du vin. Avec cela, on peut ne pas mourir de faim. — Allons », dit M. Cottin.

Arrivés dans la pauvre salle à manger, le curé de Montmerle, avec un bon rire : « J'ai pris mes précautions, dit-il », et tirant le gigot du panier que portait sa sœur, il ajouta : « C'est moi qui vous invite aujourd'hui, asseyez-vous à table avec nous... — Bénie soit la Providence, s'écria M. Vianney, mais, permettez-moi de ne pas manger de la viande, elle me fatigue. » Après dîner, on fit un petit tour de jardin. Un coup de sonnette. M. Vianney se précipita. Madeleine, la sœur du curé, en se dissimulant, suivit le Curé d'Ars. Un mendiant se tenait à la porte de la cure où venait d'entrer M. Vianney. Bientôt celui-ci reparut, s'arrêta un instant sur le seuil pour jeter un rapide coup d'œil du côté du jardin, et Madeleine put voir ce qui restait du gigot disparaître prestement dans le sac du pauvre, qui, en retour, donna à M. Vianney quelques croûtes de pain moisi...

Maintenant, ce n'était pas seulement au presbytère que les étrangers risquaient de ne trouver qu'une maigre subsistance, mais, au village même, où rien n'était aménagé pour recevoir des hôtes si nombreux. Au début, chacun, même de grands personnages, s'en tira plutôt mal que bien. Puis, des maisons plus commodes et plus spacieuses s'élevèrent autour de l'église, ou sur la place. Ce furent des *hôtels*, mais ce nom n'emportait pas alors la moindre idée du confortable moderne.

En 1835, un service régulier de voitures fut établi entre Lyon et Ars. Les bateaux sur la Saône amenaient quantité de pèlerins. Des routes nouvelles furent créées par où arrivèrent les piétons : c'est à partir de cette année qu'on vit passer à Ars plus de vingt mille personnes. Ce nombre allait croître jusqu'à la mort de M. Vianney. Aussi, Mgr Devie, put-il dire au Curé d'Ars, en le renvoyant de la retraite pastorale, au mois d'août : « Vous n'avez pas besoin de retraite et les âmes ont besoin de vous. »

« Les commandements de Dieu sont les enseignements que Dieu nous donne pour suivre la route du Ciel, comme les écriteaux qu'on pose à l'entrée des rues et au commencement des chemins pour en indiquer les noms. »

(*Vie*, t. II, p. 321).

CHAPITRE XV.

LES ÉPREUVES.

Plus de trente années durant, M. Vianney allait donc être un convertisseur merveilleux, une preuve palpable du surnaturel : Dieu voulait transparaître aux yeux des hommes sous les traits d'un saint. Or, depuis le Calvaire, c'est une loi du monde chrétien, que le salut ne s'opère que par le sacrifice et par l'épreuve. Le Curé d'Ars n'en pouvait pas être exempt.

Presque tous les historiens de M. Vianney ont pris des précautions oratoires avant de narrer ses luttes avec les démons. Il suffit d'affirmer qu'il est stupide de raisonner contre des faits ; qu'il vaut mieux, après avoir examiné la qualité des témoins et pesé leur témoignage, prendre son parti du surnaturel, en laissant rire ceux qui pensent faire de l'esprit avec de la sottise.

C'est vers 1824, selon Catherine Lassagne, qui, à ce moment était encore à Fareins avec Benoîte Lardet, qu'un dimanche, le bruit se répandit dans la paroisse que Monsieur le Curé éprouvait de grands ennuis à cause d'un tapage qu'il entendait à la cure, pendant la nuit. L'opinion s'émut bien vite. Sans doute, il s'agissait de voleurs, ou plutôt de quelqu'un qui voulait faire du mal à M. Vianney. Plusieurs jeunes gens d'Ars vinrent donc s'offrir à monter la garde au clocher pendant la nuit. Ils s'armèrent de fusils; le jeune Verchère était posté dans la chambre voisine de la chambre à coucher du curé. Tout à coup, il entend un tapage épouvantable, il court vers la chambre de M. Vianney, le réveille en criant. Le Curé d'Ars, qui cachait soigneusement les faveurs célestes dont il était l'objet, mais qui ne tarissait pas, quand il s'agissait des vexations du démon, parce qu'il lui semblait que c'était pour lui une humiliation, le Curé d'Ars a plusieurs fois raconté la scène en ajoutant : « Mon pauvre Verchère ne pensait plus qu'il avait un fusil; il se croyait perdu. » Lui-même, il rassura le jeune homme, puis, un jour qu'il était tombé de la neige, et qu'on n'avait pu relever la trace de personne, M. Vianney comprit tout à fait; « il renvoya ses gardes et resta seul au combat. » La lutte devait durer trente-cinq ans. Ainsi donc, le Curé d'Ars avait douté le premier de l'origine infernale de tous ces bruits; longtemps, il avait même placé une fourche près de son lit, croyant que des rats venaient secouer et déchirer ses rideaux; ainsi donc, d'autres entendirent ces mêmes bruits et en furent dans l'épouvantement. Le démon, d'ailleurs, se démasqua bientôt.

Il se mit à parler d'une voix aigre : « Vianney, Vianney, mangeur de *truffes*, nous t'aurons bien! » Le Grappin, comme le curé d'Ars appelait le démon, lui jouait tous les tours. Il frappait à la porte, comme pour demander licence d'entrer : puis, il se précipitait dans la chambre, battait la générale sur le pot à eau, agitait violemment les rideaux du lit, prenait l'apparence d'un grand cheval, qui sautait jusqu'au plafond, pour retomber sur ses quatre fers, avec le plus de bruit possible; se roulait comme un traversin bien tendre et bien doux, et se glissait sous la tête du saint curé, en poussant de petits cris plaintifs, on aurait dit un malade en agonie. D'autres fois, il tenait parlement dans la cour, sous les fenêtres, et M. Vianney entendait « comme une armée d'Autrichiens ou de Cosaques » qui parlaient confusément un langage que le curé ne comprenait pas. Tout à coup, on montait l'escalier du presbytère comme avec de grosses bottes, — l'homme de Dieu qui passait déjà si peu d'heures à dormir, voyait encore diminuer son pauvre sommeil. Il n'en continua pas moins son genre de vie austère et mortifiée.

Il en vint même à se réjouir de ces visites du démon, car il ne fut pas longtemps avant de s'apercevoir que les colères du Grappin étaient plus violentes et plus répétées, quand un pauvre pécheur à la conscience noire de fautes, se mettait en route vers Ars pour s'y convertir. Il racontait aussi les méfaits du diable à ses petites orphelines : « Je dirai comme tu fais, déclarait-il au démon, afin qu'on te méprise »; et il imitait le Grappin, en rapportant ses farces, devant les enfants ébahies et amusées. Il tirait de là une leçon d'imperturbable confiance en la Vierge Marie. Le démon avait beau appeler M. Vianney, « crapaud noir »; il avait beau le tourmenter, jurer qu'il lui ferait trembler la main pour l'empêcher d'écrire, il était forcé d'avouer son impuissance et sa défaite. Il hurlait : « Je t'aurai bien, j'en ai gagné de plus forts que toi, tu n'es pas encore mort! » Et il était contraint d'ajouter : « Si ce n'était de la b... qui est là-haut (désignant la Sainte Vierge par un mot grossier), nous t'aurions bien! Mais, *elle te protège trop!* » Et le Curé d'Ars souriait, et les enfants priaient avec plus d'amour une si puissante Mère. Le Curé d'Ars pouvait, en effet, mépriser tous les cris, tous les bruits du Grappin, des visions divines venaient le réconforter, et le Ciel le visitait après l'enfer. Il dit un jour à la Sœur Marguerite du Saint Sacrement, qui fut, à Angers, Supérieure des Sœurs servantes du Saint Sacrement: « Je vais vous donner quelque chose de bien précieux, c'est un chapelet. — Qu'est-ce qui le rend si précieux, mon Père? — C'est, mon enfant, que la Sainte Vierge l'a touché de ses saintes mains... » Catherine Lassagne fut témoin d'une apparition de Marie, dans la chambre du Curé d'Ars; elle entendit M. Vianney supplier la Reine des Cieux pour les pécheurs, et celle-ci répondre à son Serviteur par ces mots qui le dédommageaient de tous les rugissements de l'enfer : « Je te l'accorde (1) ».

1. « J'ai toujours eu, disait le Bienheureux, un tendre amour et une profonde dévotion pour l'auguste Mère de Notre-Seigneur. La Sainte Vierge est ma plus ancienne affection; j'ai appris à l'aimer avant de la connaître. »

Il a aimé la Vierge, surtout, pour son beau titre d'Immaculée. C'est lorsqu'il en vint à n'avoir plus le temps de réciter le chapelet ordinaire, à la prière du soir, qu'il le remplaça par le chapelet de l'Immaculée-Conception, mais, pour lui, il disait son Rosaire chaque jour. Il distribuait à chaque instant des chapelets et des médailles. Il faut remarquer qu'il eut, à un haut degré, la dévotion à la *médaille miraculeuse*. Il a voulu que le chiffre de Marie d'après la médaille fût sculpté sur le tabernacle en bois de la cha-

Les confrères de M. Vianney lui infligèrent une épreuve d'un autre genre; beaucoup, en raillant le curé d'Ars, croyaient défendre les principes de la solide piété contre des exagérations maladroites qu'on l'accusait, sur ouï-dire, de favoriser. Certaines personnes ne craignaient pas de se couvrir de l'autorité du *Saint*, pour dénigrer leur propre curé, d'autres pour se livrer à des excentricités; lui-même ne perdait pas une occasion d'affirmer sa misère et son ignorance; enfin, son genre de vie achevait de donner une apparence de sagesse à des raisonnements tout humains.

Quelques-uns défendirent donc à leurs paroissiennes d'aller se confesser à Ars; ceux-ci se moquaient ouvertement; ceux-là essayaient de le desservir auprès de l'évêque; d'autres lui écrivirent des injures : « Quand on a aussi peu de théologie que vous, on ne devrait jamais entrer dans un confessionnal. »

Ce tumulte ecclésiastique s'apaisa assez rapide-

---

pelle de la Sainte Vierge, à l'église; sur celui de la Providence on trouve dans un petit médaillon l'image de Marie aux mains rayonnantes de grâces.

Voici, d'après les actes du procès de béatification, le récit de Catherine, auquel je viens de faire une brève allusion.

« Quand j'arrivai presque au sommet de l'escalier, j'entendis la voix d'une femme qui disait à M. Vianney : « Que voulez-vous que je demande à mon Fils? » M. le Curé répondit : « La conversion des pécheurs, le soulagement des malades, et en particulier la guérison d'une personne à qui je m'intéresse. » Alors j'entrai dans la chambre et je vis une dame vêtue d'une robe blanche, avec une couronne sur la tête. Je dis à cette dame que j'aimerais mieux mourir que de guérir de mon cancer,

CATHERINE LASSAGNE (1806-1883)

ment. Quelques paroles de Mgr Devie calmèrent les appréhensions légitimes. On apprit, en effet, dans le diocèse de Belley, que l'évêque avait souhaité à des mécontents un peu de la folie du Curé d'Ars dont s'offusquait leur sagesse; on colporta ce mot : « Je ne sais pas si le Curé d'Ars est instruit, mais je sais qu'il est *éclairé.* » Quant aux mauvais plaisants, une petite aventure mit fin à leurs taquineries.

C'était à Saint-Trivier, pendant la mission dont il a été parlé. M. Vianney racontait sans façon les tours du Grappin. « Le Curé d'Ars ne mange pas, fit observer quelqu'un, et sa tête chante : il croit entendre et n'entend rien. » M. Vianney ne releva pas le propos. Mais la nuit suivante, il se fit un tel bruit au presbytère qu'il semblait que la maison s'effondrait. Une porte vitrée retentissait d'un inexplicable fracas. Et tous nos gens de courir éperdus, vers la chambre du pauvre Curé d'Ars qui reposait tranquillement. On n'osa plus le plaisanter.

Mais, par-dessus tout la charité du Curé d'Ars et

---

afin d'aller en paradis. Elle ne répondit rien et disparut.

M. Vianney était en extase. Je le pris par sa soutane et je le tirai. Il dit : « Est-ce vous, mon Dieu? » Je lui répondis : « Non, ce n'est pas le Bon Dieu, c'est moi. » Si vous dites ce que vous avez vu, vous ne mettrez plus les pieds dans ma chambre!... Avec la Très Sainte Vierge et sainte Philomène, nous nous connaissons bien », ajouta M. Vianney, ne remarquant pas qu'en voulant faire passer la chose pour ordinaire, il la rendait plus extraordinaire encore.

Catherine fut guérie le 15 août suivant du cancer qui la faisait beaucoup souffrir. La vision avait eu lieu le 8 mai 1840 et Catherine ne l'a révélée qu'aux membres de la commission d'enquête.

son inaltérable patience désarmèrent les plus récalcitrants. A celui qui lui reprochait de manquer de théologie, M. Vianney prit la peine de répondre : « Que j'ai de raisons de vous aimer, mon très cher et très vénéré confrère, vous êtes le seul qui m'ayez bien connu. » Le coupable, en fondant en larmes, vint peu après implorer son pardon. Il ne resta plus au Curé d'Ars que quelques adversaires irréductibles qui ne le connaissaient pas.

Une troisième épreuve, la plus dure, lui vint de lui-même.

C'est peu de mortifier ses sens par de cruelles rigueurs; c'est peu de subir les vexations extérieures de toutes sortes : il y a un crucifiement intérieur qui est bien la plus intolérable des souffrances, et qui pénètre l'âme pour l'abreuver d'amertume jusque dans le fond de sa substance. Ce supplice ne fut pas épargné au Curé d'Ars; il l'accepta en gémissant. C'est là que nous touchons vraiment l'homme dans le Saint, la créature qui tremble, qui s'effraye et qui s'abandonne au bon plaisir de Dieu. Mais, loin d'affaiblir l'idéal de la sainteté, les faiblesses humaines font éclater la puissance de la grâce et l'héroïsme de celui qui se livre à l'action surnaturelle, — comme le soleil resplendit mieux sur un chemin détrempé par l'orage.

Le Curé d'Ars fut donc en lutte aux vexations intérieures du démon. Il eut à lutter violemment contre l'impureté. Il souffrit de sentir les révoltes de la chair, et, il se plaignit à Dieu de son corps qui était pour lui l'instrument de mille misères. L'excès de ses mortifications lui valut une grâce signalée. Un jour qu'il priait la Vierge Marie de l'aider dans ce douloureux combat, il promit de réciter chaque jour le *Regina Cœli*, et les tentations impures s'évanouirent pour jamais.

Les assauts de l'enfer contre la vertu d'espérance furent plus redoutables encore et plus tenaces, puisqu'ils ne cessèrent que peu de temps avant la mort du Curé d'Ars.

Le démon mettait sous les yeux de M. Vianney ses petites fautes qu'il grossissait démesurément, en les lui montrant à l'aide de cette lumière maligne qui déforme tout. L'âme ne voit plus alors que le ciel fermé, l'enfer ouvert, Dieu irrité et lointain. Tout semble perdu, et le démon augmente ce trouble intérieur en essayant de persuader à l'âme qu'elle est abandonnée et rejetée de Dieu. Le Curé d'Ars connut ces agonies horribles : « Ses pauvres péchés » se présentaient à lui comme de mortelles offenses, et il soupirait, en offrant le Saint Sacrifice : « L'enfer serait doux près de Jésus ! » Et, il allait moins vite, après la consécration, pour rester au moins plus longtemps près de Dieu, sur cette terre !

La sainteté du Curé d'Ars fut, au milieu de tant d'épreuves, de rester fidèle à l'écrasant labeur qui chargeait chaque jour davantage ses épaules ; ce fut de paraître bon et souriant au milieu des angoisses les plus affreuses ; ce fut de prêcher, de confesser, de se dévouer au salut des âmes, comme s'il eût joui d'une douce récompense ; en un mot, ce fut d'aimer sa croix et de s'immoler tout entier : « Mettez un beau raisin sous le pressoir, il en sortira un jus délicieux. Notre âme sous le pressoir de la croix produit un jus qui la nourrit et la fortifie. » Il fut lui-même ce beau raisin écrasé, et les âmes vinrent s'enivrer de la liqueur divine qui découlait de son cœur tout meurtri.

« Qu'est-ce que vingt ans, trente ans comparés à l'éternité?... Qu'avons-nous donc tant à souffrir? Quelques humiliations, quelques froissements, des paroles piquantes : Cela ne tue pas. »

(Petites fleurs d'Ars).

CHAPITRE XVI.

UNE JOURNÉE DU CURÉ D'ARS.

« Qu'est-ce qu'un saint? s'écriait un jour le P. de Ravignan. C'est un homme qui a *une idée fixe :* la gloire de Dieu, le salut des âmes. Voilà l'unique pensée des saints, voilà leur force, et, avec elle, rien ne leur est impossible. »

C'est pourquoi, malgré tous les obstacles et toutes les persécutions, M. Vianney put renouveler, pendant tant d'années, l'incessant prodige d'accomplir chaque jour une tâche surhumaine : il aimait Dieu à la folie, et, pour Dieu, il aimait les âmes, au delà des forces de l'homme.

J'abrège le récit de Catherine qui raconte comment le Curé d'Ars passait sa journée.

Levé depuis une heure, après minuit, quelquefois, à minuit ou à deux heures, il se rendait à l'église, sa lanterne à la main. Une foule de personnes l'attendaient, qui avaient passé la moitié de la nuit, sous le clocher, — on passait ainsi, parfois, plusieurs nuits avant de pouvoir approcher le confessionnal du *saint*.

Arrivé à l'église, M. Vianney, après s'être prosterné, traversait les rangs des fidèles, et s'enfermait dans le confessionnal qui est encore aujourd'hui dans la chapelle de Saint-Jean-Baptiste. Plusieurs fois, avant d'entrer au confessionnal, agenouillé sur le degré de l'autel, il faisait prier à haute voix afin d'obtenir de Dieu, pour tous les pénitents, de bonnes dispositions. Il recommandait aussi de dire le *confesse à Dieu* avant de se présenter au saint Tribunal.

A sept heures du matin, il allait célébrer la sainte messe, après s'être recueilli un instant. C'est dans cette attitude que le représente le marbre fameux de Cabuchet. Après la messe, il entrait en sacristie, pour bénir et indulgencier les objets de piété qu'on lui apportait, pour recevoir telle ou telle personne de telle ou telle confrérie, enfin, pour apposer son nom sur des images.

Il rentrait alors au presbytère pour déjeuner : une petite tasse de lait brouillé de chocolat faisait l'affaire.

Il retournait aussitôt à l'église, pour confesser les hommes à la sacristie, ou derrière le maître-autel. Cela durait jusqu'à onze heures. Il disait entre temps son office, faisant attendre un peu son pénitent; — il n'avait que ce moyen, dit Catherine, de pouvoir prier tranquille.

A onze heures, le catéchisme qui l'occupait trois quarts d'heure ou une heure. Il le fit d'abord à la Providence, puis, dans l'église, assis sur une petite stalle qu'on y voit encore. Il se rendait ensuite, de temps en temps, au confessionnal de la chapelle des Saints-Anges, pour entendre des personnes pressées à qui il avait donné rendez-vous, et à qui il était plus facile d'entrer dans cette chapelle.

Il sortait vers midi, toujours revêtu de son surplis

INTÉRIEUR DE L'ANCIENNE ÉGLISE.

et de son étole. Souvent, une personne dévouée, plus tard, un frère de la Sainte-Famille était obligé de le précéder pour écarter les rangs des pèlerins. Il prenait à la cure le repas de midi qui ne le retenait guère plus que le déjeuner. Cinq minutes lui suffisaient quelquefois. Il se reposait pendant un court intervalle de temps. Les pèlerins répandus autour de la cure assiégeaient chacune des sorties : on voulait à tout prix voir le *Saint*, lui parler, recevoir une réponse, un sourire. Il lui arrivait de sortir par la porte du jardin où personne ne l'attendait. Aussitôt, c'était une bousculade, chacun se précipitait, on entourait M. Vianney, tout le monde parlait à la fois; lui, souriait, se défendant doucement contre ceux qui le prenaient par le bras, qui le tiraient par sa soutane : « Je crois, dit Catherine, qu'on l'aurait fait tomber et qu'on l'aurait foulé aux pieds, si des hommes dévoués ne l'eussent protégé. » Il traversait la place, pour se rendre à la Providence; dans la suite, il y allait voir ses auxiliaires, les missionnaires, et causer un moment avec eux. La foule l'accompagnait. Il revenait, toujours entouré, toujours protégé, pour rentrer au confessionnal. « A mesure qu'il arrivait, il se faisait une rumeur, on allait au-devant de lui, on lui demandait à passer au plus tôt, et, lui, faisait souvent entrer quelques personnes de préférence à d'autres, il avait ses raisons pour cela; il se rappelait aussi qu'il était curé et faisait approcher les personnes de la paroisse. »

C'était à peu près, une heure après midi. Il demeurait claquemuré jusqu'à quatre heures; il sortait alors pendant quelques minutes, puis allait confesser les hommes à la sacristie. Il prolongea souvent jusqu'à sept heures du soir et même plus tard en été, les saints exercices de la confession.

Il montait alors en chaire pour réciter le chapelet de l'Immaculée Conception et la prière du soir avec tous les assistants, puis, il rentrait chez lui, accompagné de ses fidèles gardiens, harcelé par la foule; on s'agenouillait, il donnait une dernière bénédiction, et la porte se fermait sur M. Vianney. Mais l'heure du repos n'avait pas encore sonné pour lui. « On ne sait pas, dit Catherine, les heures qu'il employait en prières, en macérations ou en lectures. Dieu seul en fut témoin. » On sait toutefois que le démon ne le laissait pas dormir, espérant sans doute le fatiguer et lui faire abandonner ce rude ministère, qui, pour tant d'âmes perdues, était la rédemption et le salut. Quand il était plus abattu, M. Vianney avait le secret de faire *marcher son cadavre;* quelques coups de discipline bien appliqués opéraient cette merveille; à peine avait-il dormi, qu'il rallumait déjà sa chandelle et qu'il recommençait ce qu'il avait fait la veille. Cela dura plus de trente ans.

On a employé le mot de « martyre », pour caractériser la vie du Curé d'Ars. En vérité, il semble bien que ce ne soit pas excessif. Qu'on s'imagine une tâche à la fois plus ingrate et plus pénible : toujours les mêmes misères, les mêmes avaries d'âme; toujours là, entre quatre planches, par le froid de l'hiver, dans une insupportable atmosphère, pendant l'été; oui, ce fut un long martyre, un *témoignage* de tous les jours rendu à Dieu, par les larmes, ce sang de l'âme, que le Curé d'Ars versait sur les pécheurs, et par la lente consomption de tout son être; ce fut le martyre du sang répandu goutte à goutte, pendant toute une vie! L'Eucharistie peut seule expliquer cette effrayante *idée fixe* du dévouement et de l'amour, comme seule elle explique le mystère de la vie des Saints.

« Un chrétien doit être un saint. Oui, mes frères, voilà la vérité que l'Eglise ne cesse de nous répéter, et afin de la graver dans nos cœurs, elle nous représente un Dieu infiniment saint, sanctifiant une multitude infinie de saints qui semblent nous dire : « Souvenez-vous, chrétiens, que vous êtes destinés à voir Dieu et à le posséder; mais, vous n'aurez ce bonheur qu'autant que vous aurez retracé en vous, pendant cette vie mortelle, son image, ses perfections, et particulièrement sa sainteté, sans laquelle nul ne le verra. »

(Sermons).

CHAPITRE XVII.

LA MALADIE ET LES FUITES DU CURÉ D'ARS.

Pour résumer avec fidélité et une fois pour toutes la journée du Curé d'Ars, il a été nécessaire de faire allusion à des faits qui seront racontés plus loin; nous reprenons maintenant le récit au point où nous l'avons conduit, c'est-à-dire vers 1840.

Pendant des années, le genre de vie du Curé d'Ars fit l'émerveillement des témoins, paroissiens ou étrangers : « C'est le miracle des miracles, » disait-on. Mais, si robuste que fût M. Vianney, cette vie de pénitences et de fatigues incessantes ne pouvait manquer tôt ou tard de déterminer un accident. Déjà l'estomac ne pouvait plus supporter la viande; les entrailles mettaient le patient à la torture; tout son corps ressemblait, suivant ce qu'il a dit lui-même du corps des saints, *à une brassée d'os couverts d'une peau.*

Enfin, le 3 mai 1843, se trouvant à bout de forces, il s'alita. Des médecins furent mandés qui tout de suite affirmèrent la gravité du mal. Ils se montrèrent si peu rassurants qu'on résolut d'appeler le confesseur de M. Vianney pour préparer le malade à recevoir les derniers sacrements. Cependant, afin de ne pas alarmer les pèlerins, on parlait de donner à la cérémonie un caractère tout clandestin : « Allez faire sonner; ne faut-il pas que les paroissiens prient pour leur curé? » dit M. Vianney. Ce furent des lamentations, mais surtout ce furent d'ardentes prières pour le *saint* malade. Lui, qui avait le pressentiment que ce n'était pas encore sa pauvre fin, priait aussi Dieu de le guérir bien vite pour reprendre ses travaux. Il demanda une messe en l'honneur de sainte Philomène. Ce fut M. Dubouis, curé de Fareins, qui fut choisi pour la célébrer. Or, pendant que le prêtre était à l'autel, le Curé d'Ars parut d'abord reposer calmement; la messe était à peine achevée qu'il s'écria : « Je suis guéri! »

C'était vrai. Le vendredi, 19, il se fit conduire ou plutôt porter à l'église, où, après avoir adoré le Saint Sacrement, il pria longtemps dans la chapelle de sa petite sainte.

La joie était universelle; comme il restait faible, il dut dire sa messe, pendant quelque temps, presque aussitôt minuit sonné. « Au lieu d'être à l'Ascension, a déclaré M. Pertinant, instituteur au village, et dévoué serviteur de M. Vianney, nous nous croyions tous pendant cette semaine, transportés à la veille de Noël, et nous nous réjouissions dans le Seigneur en voyant notre vénérable curé descendre du ciel, où il était si près d'entrer, pour reprendre parmi nous une nouvelle naissance. »

On voit encore dans l'église d'Ars le tableau que firent peindre comme ex-voto, en l'honneur de sainte Philomène, les habitants d'Ars reconnaissants : il représente M. Vianney recevant le Viatique et souriant à une apparition de sainte Philomène.

Cependant, l'autorité ecclésiastique s'était émue à d'aussi alarmantes nouvelles; il devenait nécessaire, à tous les yeux, de ne point laisser M. Vianney porter seul le poids écrasant de sa charge. Déjà, il avait lui-même appelé à son aide pour entendre les confessions des pèlerins, dont le nombre croissait de jour en jour, quelques ecclésiastiques des environs, et parmi eux, M. Dérognat, curé de Rancé, prêtre aux vertus appréciées (1); il n'était que de transformer en secours permanent, un appui transitoire, Mgr Devie donna au Curé d'Ars, comme auxiliaire, l'abbé Raymond, curé de Savigneux (2).

Quand il vit à l'œuvre ce jeune prêtre doué d'une entreprenante activité, M. Vianney pensa que lui-même devenait un obstacle qu'il fallait écarter. Plus d'une fois, il s'était écrié pendant sa maladie : « Non, non, ô mon Dieu, pas encore, je ne suis pas prêt à paraître devant Vous! » Maintenant, ces terreurs s'exagéraient encore. Que faire, sinon aller dans quelque coin ignoré pleurer sa pauvre vie et ses pauvres péchés? On se rappelle que depuis longtemps il était tenté de désespoir, et que la crainte des jugements de Dieu faisait son tourment. Une raison qui lui sembla plausible, acheva de le déterminer.

Le service du pèlerinage n'avait pas manqué de susciter entre les habitants d'Ars de jalouses rivalités : la concurrence avait pris un caractère d'âpreté au gain. Il arrivait que les conducteurs de voitures, pour avoir des voyageurs, se querellaient et en ve-

1. Il mourut le 18 janvier 1859.

2. Il resta d'abord à Savigneux où on retrouve sa signature jusqu'au 1er octobre 1845, puis, il vint à Ars, ce qui explique que Catherine ait pu écrire qu'il resta huit ans avec M. Vianney.

naient aux coups. N'était-il pas lui, curé d'Ars, la cause de tant d'offenses faites au Bon Dieu? Aussi parlait-il volontiers à Catherine de se retirer. La sainte fille objectait : « Monseigneur ne voudra pas »; il répliquait : « Monseigneur ne s'embarrasse pas de moi; il a assez de curés. »

Il s'enfuit dans la nuit du 13 septembre 1843.

On essaya de l'arrêter, de le poursuivre; seul, M. Pertinant l'accompagna jusqu'au bout, à Dardilly, où il parvint si las, si recru de fatigue qu'il dût se mettre au lit. Remis, il retrouva à Dardilly, ce qu'il avait voulu fuir à Ars, des pèlerins empressés à le voir, à le consulter. Les gens de Dardilly étaient enchantés de l'aventure, ils complotèrent de garder M. Vianney parmi eux. L'abbé Raymond dut recourir à la ruse pour parvenir jusqu'à son curé qu'il entraîna vers la chapelle de Notre-Dame de Beaumont, en Dombes, où Mgr Devie avait offert au Curé d'Ars de transporter sa résidence. M. Vianney célébra la sainte messe; puis, d'un ton décidé, comme s'il avait reçu un ordre divin : « Retournons à Ars », dit-il à M. Raymond. Ils parvinrent au petit village à l'heure de la prière du soir; après quelques paroles de consolations à ses paroissiens, M. Vianney monta en chaire, comme à l'accoutumée, pour réciter la prière.

Toutefois, le désir de la solitude hanta longtemps encore ses veilles et ses nuits. Le Curé d'Ars rêvait des douceurs de la Trappe. Catherine, à qui il faisait toujours part de ses angoisses, lui dit un jour : « C'est vrai, Monsieur le Curé, vous devez bien désirer de vous retirer, parce que vous avez trop de peine. » Il me répondit, ajoute-t-elle, avec un ton qui semblait ressentir l'indignation : « La peine n'est rien, c'est pour pleurer ma pauvre vie et me préparer à la mort. » « Pauvre vie de curé ! » soupirait-il encore.

L'évêque lui offrit la paroisse de Fareins, il fut presque décidé d'accepter; il annonça la chose à la Providence, mais, le lendemain : « Malheureux que je suis, s'écriait-il devant ses enfants, je consentais à aller dans une grande paroisse, moi, qui ai peine à me tenir contre le désespoir dans une petite, pauvre orgueilleux ! » Mgr Devie lui offrit encore une retraite, près des missionnaires de Pont d'Ain, à la chapelle de la Catherinette. Il refusa. Ne trouverait-il pas partout la même foule qui l'empêcherait de pleurer ses péchés ? Il lui fallait une solitude profonde, entière, comme on la trouve à la Trappe. Il s'enfuit derechef au mois de septembre 1853. On l'arrêta. Catherine a donné le secret de ses fuites qui peuvent ressembler d'abord à des désobéissances à l'autorité épiscopale. « Lorsqu'il essaya de partir plusieurs fois, dit-elle, M. Vianney ne le fit pas sans écrire à Monseigneur, mais, comme son humilité lui faisait croire qu'il en obtiendrait la permission, il est parti avant la réponse. »

« L'obéissance et la volonté de Dieu, ajoute-t-elle, l'ont fait revenir à Ars, toujours contre sa volonté, offrant à Dieu le sacrifice de la solitude qu'il désirait tant; c'est ainsi qu'il se sacrifiait pour la gloire de Dieu et le salut des âmes. »

Quand il voulut partir en 1853, comme il redescendait dans la petite cour du presbytère (1), il y trouva ses paroissiens. Ils étaient là avec leurs instruments et leurs lanternes, chacun s'approchant de lui pour le prier de ne pas s'en aller. Lui, pourtant gagnait la porte de sortie, on refusa de le laisser passer. Il se dirigea vers une autre, même refus. Cependant, M. Toccanier, qui était arrivé la veille, pour remplacer M. Raymond, le suivait pour l'engager à rester. « Il ne disait rien, seulement de temps en temps : laissez-moi partir; et il m'a semblé au ton de sa voix qu'il pleurait. Que cette scène était touchante! Elle représentait si bien la prise de Notre-Seigneur au Jardin des Olives. Après plusieurs allées et venues par cette cour, il dit : ouvrez-moi la porte, laissez-moi passer, je veux aller à l'église. Ce qu'il fit; il s'en fut au confessionnal où une foule l'attendait. »

La comparaison de Catherine lui a-t-elle été inspirée par une parole du Curé d'Ars, ou plutôt, la sainte fille ne l'a-t-elle pas trouvée simplement dans son cœur? Comme elle est expressive! Oui, c'était bien un autre Christ qu'on arrêtait, un autre Christ qui allait remonter à son Calvaire de tous les jours, jusqu'à la fin!

« Après le dernier essai qu'il fit pour partir, il avait sans doute connu la volonté de Dieu, il ne parlait presque plus de son départ pour ne plus être curé, je crois qu'il avait fait à Dieu le sacrifice de tout comme une victime... »

Vainement les gens de Dardilly vinrent à Ars pour

1. On lui avait caché son bréviaire, il revint pour le prendre, le tocsin fut sonné à ce moment. Accourus en hâte et croyant à un incendie les habitants d'Ars s'étaient trouvés dans la cour du presbytère avec des seaux, des bâtons, des fourches, des lanternes.

tenter de le surprendre et de l'enlever; vainement, ils revinrent, assurant que François Vianney, son frère, qui était très mal, réclamait sa présence : « Je sais que mon frère n'a rien à me dire », et il congédia les gens de Dardilly qu'il avait commencé d'accompagner. Il ne devait plus quitter Ars. « Une nuit, disait M. Vianney, j'étais dans mon lit, je ne dormais pas, je pleurais ma pauvre misère, j'ai entendu une voix : *In te, Domine, speravi non confundar in æternum.* Je craignais de n'avoir pas bien compris, et j'entendis de nouveau : *In te, Domine,...* Je me suis levé, j'ai éclairé du feu, j'ouvre mon Bréviaire et je retrouve les mêmes paroles : cela m'a un peu consolé. — Eh! lui dit M. Toccanier, ce n'est pas le Grappin qui vous disait cela. — Il y a apparence que non. » Le Grappin, en effet, rugissait : « Tu es un menteur, il y a longtemps que tu dis que tu veux t'en aller, et tu restes toujours. Que fais-tu donc là? Tant d'autres se retirent pour se reposer, que ne fais-tu comme eux? Tu voulais te retirer dans la solitude; pourquoi ne le fais-tu pas? » *Il avait fait à Dieu le sacrifice de tout, comme une victime!*

« Pouvons-nous bien réfléchir sur la sévérité des jugements de Dieu, sans nous sentir pénétrés de la crainte la plus vive?... Je vous assure, mes frères, que quand on y pense bien, il y aurait de quoi se jeter dans le désespoir, si la religion ne nous enseignait pas que nous pouvons adoucir ce moment par une vie qui soit toujours dans le cas de nous assurer l'espérance que le Bon Dieu aura pitié de nous. »

(Sermons).

CHAPITRE XVIII.

LES DERNIÈRES ANNÉES.

La vie de M. Vianney ne fut dès lors, comme l'a écrit M. Monnin, que l'hymne monotone et sublime de son amour pour Dieu, de son dévouement aux pécheurs. L'histoire de cette vie se confond avec celle des âmes qu'il a fortifiées ou renouvelées dans le Christ, et l'on n'en saurait presque rien, si leurs révélations n'étaient venues permettre de saisir aujourd'hui l'intime action du Curé d'Ars au tribunal de la pénitence, pour faire éclater les dons surnaturels qui touchaient alors les cœurs en les émerveillant.

Je veux auparavant mentionner quelques faits extérieurs qui furent tous, pour M. Vianney, la source d'une peine, et dont le dernier l'affligea extrêmement.

A cette époque, le plus continuel tourment du Curé d'Ars lui vint de son auxiliaire, M. Raymond. « Que de mérites, M. Vianney a dû ramasser! » s'écrie la bonne Catherine, trahissant ainsi, sans le vouloir, sous une formule d'admiration pour son maître, le caractère peu aimable de M. Raymond, qui, d'ailleurs, était un prêtre fidèle à ses devoirs. Avec lui, M. Vianney resta pendant dix ans d'une excessive bonté; « il lui était soumis en tout ce qu'il pouvait comme à un supérieur. » Un jour, il lui donna une soutane neuve qu'il estimait trop belle pour lui-même. Enfin, quand, vers 1853, il fut question du départ de M. Raymond, le Curé d'Ars écrivit à l'évêque de Belley, Mgr Chalandon : « Monseigneur, le plus grand plaisir que vous puissiez me faire est de *prolonger* le départ de M. Raymond. » Le Curé d'Ars pensait comme Catherine : « Dieu permettait sans doute ces contradictions pour éprouver son serviteur et le faire croître en mérites. »

Le même M. Raymond, fit naître, en 1850, par sa maladresse, ce qu'on a appelé l'incident d'Ars, relatif à La Salette et qui fit alors si grand tapage. L'abbé Des Garets, chanoine de Lyon, a mis au point cette question sur laquelle il est parfaitement inutile de revenir. On ne peut tirer des doutes passagers de M. Vianney un argument contre La Salette, puisque ces doutes ont été levés d'une manière merveilleuse et que lui-même a conclu : « On peut et on doit croire à La Salette (1) ».

Mais, le plus vif chagrin du Curé d'Ars, celui dont on peut dire qu'il resta inconsolable, lui fut causé en 1847, par la suppression de la Providence, après vingt-quatre ans d'existence (2). L'œuvre passa aux mains des Sœurs de Saint-Joseph de Bourg, par les soins habiles et prompts du vicaire général de Belley, M. Guillemin. « Ils m'ont tout *agrippé*... Que Notre-Seigneur nous donne la joie du sacrifice; jamais, il ne prouve son amour autrement que par les souffrances ! »

La Providence, ç'avait été pour M. Vianney un

1. Cf. Le Curé d'Ars et la Salette, par M. l'abbé Des Garets, Lyon — Girard et Josserand — 1860.

2. Chiffre donné par Catherine Lassagne.

foyer de joie et de consolations. Comme il aimait à y venir souvent! comme il se plaisait à voir s'épanouir les âmes de ses enfants qui s'ouvraient à la grâce divine comme à la rosée les fleurs des champs! C'était là qu'avait pris naissance l'œuvre des catéchismes, là, que Dieu avait manifesté, par des miracles, son assistance et sa bonté. Toutes les fois qu'il avait eu besoin d'un secours céleste plus immédiat ou plus spécial, le curé d'Ars avait demandé aux enfants de se mettre en prières, de faire des *neuvaines*, et toujours le Ciel avait exaucé son désir. Et puis, il en était sorti tant de religieuses ferventes, tant de domestiques dévouées, tant de bonnes mères de famille! C'était, par-dessus tout, ce bien, qui ne s'accomplirait plus et qui s'était opéré là, ce bien que les anges de Dieu et lui étaient seuls à savoir, c'était cela que regrettait amèrement M. Vianney « Mais, on l'a fait remarquer, le rôle du Curé d'Ars n'était pas de diriger un établissement de charité, il était de convertir et d'éclairer les âmes; maintenant, elles allaient affluer d'elles-mêmes en si grand nombre qu'il ne pourrait plus, sans préjudice pour l'œuvre capitale qui lui était demandée, s'occuper utilement d'une œuvre différente. » Ainsi, l'accroissement du pèlerinage fut la récompense de celui qui n'avait jamais désiré, depuis son enfance, autre chose que sauver des âmes!

Les Frères de la Sainte-Famille de Belley, qui vinrent ouvrir, en 1849, une école gratuite pour les garçons, apportèrent un peu de réconfort à M. Vianney : le Frère Jérôme et le Frère Athanase devinrent ses « *camarades* ». En 1853, il eut une joie plus grande encore, quand les missionnaires diocésains lui furent donnés comme collaborateurs par Mgr Chalandon. C'est en recevant M. l'abbé Toccanier, qu'il crut pouvoir s'enfuir une seconde fois; le constant dévouement et la précieuse amitié de ce bon prêtre le consolèrent de n'avoir pas réussi. Le nouveau vicaire s'installa d'abord dans une petite maison, où Sœur Saint-Lazare, dont le souvenir est toujours vivant à Ars, lui fut d'un utile secours. Tous deux s'ingénièrent pour remplacer, autant que possible, la *Providence*. Plus d'une fois, en voyant M. Vianney si las et si abattu, Sœur Laint-Lazare s'empressait pour lui offrir quelque chose; le saint vieillard souriait, il lui suffisait de causer avec son « cher missionnaire », l'abbé Toccanier. A côté de ce nom, il faut citer ceux de M. Camelet, le supérieur des missionnaires, de M. Monnin, le biographe du Curé d'Ars.

En rapportant les pénitences, les mortifications de M. Vianney, nous avons pénétré un peu de ce qu'on pourrait appeler sa vie cachée; nous le suivrons maintenant dans les merveilles de sa vie publique, jusqu'à sa mort.

« Le cœur des saints n'a point de fiel; ils aiment tout le monde; ils sont contents dans les persécutions et les humiliations. »

(Sermons).

CHAPITRE XIX.

LE PÈLERINAGE.

21 septembre 1857.

«... Vous avez sans doute entendu parler du Curé d'Ars; j'ai été le voir à mon retour de Lyon... Je vous avouerai que je me serais assez facilement dispensé de faire ce voyage, que j'y apportais même une certaine froideur, certaines préventions. Mais, à peine avais-je passé à Ars quelques instants, à peine, surtout, avais-je aperçu ce saint homme, que mes opinions furent tout à fait changées. Je tiens cependant à faire une distinction, pour vous faire bien comprendre ma pensée. J'ai été médiocrement édifié de la foule que j'ai vue dans l'église d'Ars, non qu'il y ait là scandale, mais, au moins y a-t-il abus. A première vue, ce spectacle est bizarre. Imaginez-vous une petite église remplie d'une foule qui attend; les uns se plaignent et murmurent sans cesse d'avoir attendu plusieurs jours et plusieurs nuits; d'autres s'occupent à payer des femmes qui leur gardent des places; d'autres causent sans façon; d'autres dorment. Ce n'est pas tout. De chaque côté du sanctuaire sont disposés des bancs, et sur ces bancs sont assises trente ou quarante femmes qui présentent le plus singulier aspect.

« Cette première vue donne envie de rire. Tout à coup, précédé de son bedeau (1) qui lui ouvre passage par devant, suivi par son vicaire qui le protège par derrière, entre le Curé d'Ars. Aussitôt toute cette foule se rue sur lui; il est entouré, assiégé; on lui prend son surplis, on le tire par le bras : « Ah! Monsieur le Curé! » Et une autre de dire : « Ecoutez-moi, j'attends depuis cinq jours! » — « Ah! Monsieur le Curé! »

« C'est un vieillard de 72 ans, d'une maigreur effrayante; ses cheveux sont tout blancs; mais, il y a deux choses qu'on ne peut se lasser de contempler : c'est son regard céleste, limpide, mais perçant, et son sourire inaltérable. Jamais une plainte, jamais un murmure au milieu des importunités des visiteurs. Il s'avance les yeux baissés, bénissant les petits enfants qu'on lui présente; les larmes viennent aux yeux. Je ne vous raconterai pas les assauts qu'il m'a fallu livrer pour l'aborder et les instances qu'il fallut faire, ni l'éloquence qu'il fallut déployer pour gagner le bedeau. Bref, j'entrai dans la sacristie; c'est un moment que je n'oublierai jamais. Je vois encore descendre sur moi ce regard indéfinissable : cet homme n'a pas l'air d'appartenir à la terre. On s'agenouille involontairement devant lui... »

Cette lettre si pittoresque, s'ils avaient pu l'écrire comme l'abbé Henri Vollot, tous les pèlerins d'Ars l'auraient signée : elle est caractéristique, et rien ne saurait traduire mieux les impressions diverses qu'on

1. Ce n'était pas un bedeau à proprement parler, ce rôle était rempli par le frère Jérôme ou quelque ami du Curé d'Ars : Oriol, Viret, etc.

éprouvait d'abord et qui venaient se fondre dans la vénération, comme un arc-en-ciel dans la lumière blanche. Combien sont venus sceptiques qui s'en allèrent croyants! Le brave Viret, de Cousance, qui devint un pèlerin ami du Curé d'Ars, le prit d'abord pour un « imbécile »; il s'en fut bientôt confesser sa faute à M. Vianney, avec la même naïveté qu'on trouve dans son « petit mémoire » : la sainteté, qu'est-ce autre chose que la folie de l'amour divin? On approchait Dieu en approchant du Curé d'Ars, et toute âme de bonne volonté ressentait ce voisinage surnaturel qui la faisait se jeter dans la foi et dans la charité. Beaucoup, d'ailleurs, ceux qui souffraient dans leur corps ou dans leur âme, venaient avec une confiance extraordinaire, implorer le secours des prières du *saint* Curé. Et, c'était dans ce petit village d'Ars, un va-et-vient incessant, une animation inaccoutumée. Les auberges, — le mot d'hôtels serait bien ambitieux, — étaient insuffisantes; les gens transformèrent leurs chambres et leurs greniers en dortoirs; beaucoup de pèlerins passaient la nuit sous le clocher, entassés sur des bancs, ou debout dans cet espace assez étroit — et c'était une place enviée qu'on ne cédait pas à prix d'or. Il accourait maintenant des gens de toute la France, du nord et du midi, de l'est et de l'ouest : mieux que les noms les plus fameux, le nom du Curé d'Ars volait de bouche en bouche, de clocher en clocher, de la ville à la plus humble campagne; il avait passé les frontières et le monde entier l'apprenait pour le bénir un jour et l'invoquer. Les journaux, cependant, même ceux de la région, étaient muets ou presque sur ce mouvement des peuples, ils ne redisaient pas les merveilles d'Ars; mais, ceux qui avaient vu ne pouvaient pas se taire, ils proclamaient tout haut les bienfaits de l'homme de Dieu; les colporteurs avaient son image dans leur boîte, sa vie déjà écrite en quelques pages; d'autres, sur des toiles grossièrement peintes montraient M. Vianney, promenaient ses traits par tous pays, répétant partout les mêmes éloges, souvent les mêmes exagérations, et vendaient à la foule ébahie des médailles réputées miraculeuses. Ainsi la renommée du Curé d'Ars s'étendait de jour en jour, ainsi les pèlerins accouraient chaque année plus nombreux.

M. Vianney se rappelait-il cette soirée où un robuste gaillard, charretier de son état, était venu frapper à la porte du presbytère, en criant : « Descendez, descendez, je veux vous parler! » Aujourd'hui, c'étaient des foules innombrables qui envahissaient la paroisse, et tous ces gens, savants ou ignorants, grandes dames ou paysannes, justes ou pécheurs, avaient sur les lèvres les mêmes syllabes : « Je veux vous parler, je veux vous parler! » On a évalué à plus de cent mille le nombre des pèlerins qui venaient à Ars pendant le cours d'une année, en ce temps-là; M. Monnin dit qu'on a calculé que par les seuls omnibus qui mettent le village en communication avec la Saône et la gare de Villefranche, il était arrivé, dans le même laps de temps, plus de quatre-vingt mille pèlerins. Or, il y avait encore, soit de Lyon, soit de Trévoux des services publics d'omnibus; beaucoup venaient en voitures particulières; beaucoup venaient à pied.

« Rien n'égale dans mes souvenirs, a raconté M.

le chanoine Salomon (1), le charme de ces voyages, qui gardent pour moi après de longues années leur poésie et leur grâce séduisante. On prenait, je m'en souviens, la voiture d'Ars, place Bellecour; on suivait les quais et les rives enchanteresses de la Saône jusqu'à Neuville. On traversait ensuite de coquets villages, Genay, Massieux, Reyrieux; puis, à la rude côte de Balmont, tout le monde descendait de la lourde diligence; et les enfants, ivres de grand air, couraient après les papillons d'or et cueillaient dans les haies embaumées toutes sortes de fleurs et de fruits sauvages.

Et l'arrivée à Ars au déclin du jour! la joie toujours débordante, le déballage des paquets dans la grande chambre de l'hôtel d'où la vue embrassait la petite place de l'église!

Tout à coup, au milieu de nos jeux : « Mes enfants, regardez, voici le Curé d'Ars, disait ma mère. Et nous regardions avidement ce vieillard maigre, au doux profil d'ascète, aux rides nombreuses, aux longs cheveux blancs, qui nous causait une impression étrange et comme surnaturelle... »

Ceux qui ne pouvaient pas venir, écrivaient. Tous les jours la petite table de chêne qu'on voit encore dans le presbytère du saint Curé, se couvrait de lettres. M. Monnin en a cité plusieurs. Il en reste quelques-unes inédites.

« Mon digne Curé, vous avez formé mon cœur à la morale, et mon âme, vous l'avez ramenée à Dieu, que j'avais abandonné depuis dix-neuf ans et demi.

1. Mort curé de Trévoux (1909).

J'ai sans cesse devant les yeux votre sainte Personne... Que Dieu protège votre santé et votre vie qui pourront faire le bonheur de tant d'âmes... car vous êtes le refuge et la consolation de tous les grands pécheurs. Il m'est impossible de ne pas vous confondre avec la Divinité que j'implore. Vous avez été pour moi sur cette terre, ce que Dieu, si je le mérite, sera pour moi dans le Ciel. »

Trévoux, le 13 juin 1838.

Cette lettre, que son auteur, comme un hommage à la fois naïf et touchant, fit imprimer en lettres d'or, risque bien de n'avoir jamais été lue par M. Vianney, — elle n'aurait pas subsisté, car il jetait impitoyablement au feu toutes les missives élogieuses.

Quelquefois, les lettres n'avaient rapport qu'à des intérêts matériels : « Je vous prie de demander à Dieu que je puisse être payée du fils C... du billet que me doit son père », écrit une personne de Grenoble en 1844. Pauvre saint Curé d'Ars !

La plupart du temps ce sont des affligés qui demandent des prières au saint Curé pour leur soulagement spirituel ou corporel.

Saint-Jean-de-Maurienne, 1er sept. 1847.

« ... Veuillez, Monsieur le Curé, me faire la grâce de prier pour moi, afin que je puisse, s'il est de la volonté de Dieu, obtenir ma guérison, ou la parfaite résignation dans mes souffrances. Vous ajouteriez infiniment à votre charité en m'adressant, pour

FAC-SIMILE DE LA SIGNATURE DU BIENHEUREUX.
(1856)

ma consolation spirituelle, quelques mots de votre main, à Turin, où je demeure habituellement et vais retourner dans peu de jours... »

Le chevalier Adolphe de BAYER, inspecteur des études, et secrétaire au Ministère des Affaires étrangères.

Répondre! Le Curé d'Ars le fit plus d'une fois, dans les commencements, mais, comment répondre aux lettres qui devenaient de plus en plus nombreuses, quand tous ses instants déjà ne lui appartenaient plus? L'abbé Toccanier répondait quelquefois à sa place; — quelquefois même on s'adressait à une personne d'Ars qui transmettait les paroles de M. Vianney.

Besançon, 27 janvier 1849.

« C'est une mère affligée qui a recours à vous, pour recommander à vos prières, sa fille mariée depuis treize ans et malade depuis dix. Son mari, sa fille, sa pauvre mère gémissent de la voir dans un état aussi affligeant, sans avoir aucun espoir de guérison; veuillez donc, je vous en supplie, avoir la charité de la recommander à notre bonne Mère commune, afin, si c'est la volonté du Bon Dieu, qu'elle recouvre la santé; nous réunirons nos prières aux vôtres... »

Vve MAIRE.

D'autres fois, on écrit pour recommander au *Saint* Curé des œuvres de charité :

« MONSIEUR LE CURÉ,

« J'ai eu le bonheur de vous écrire une fois l'année dernière pour vous recommander de pauvres pécheurs mourants au salut desquels je m'intéressais Depuis, je n'ai plus eu recours à votre charité, car, je sais que de tous côtés on use largement de votre zèle. Mais, un saint religieux que j'aime comme un père, le R. P. Orcise, ancien abbé d'Aiguebelle, m'a recommandé de vous écrire pour vous intéresser à nos mourants. Voici ce qu'il m'a écrit, il y a quatre ou cinq jours :

« Puisque vous me parlez du saint Curé d'Ars, je pense qu'il est un de vos associés. S'il ne l'était pas, conjurez-le de vous rendre ce service pour l'amour du Dieu et des âmes qu'il aime tant. N'ayant pas beaucoup de temps pour prier, qu'il offre à Dieu pour vos chers pécheurs, ses fatigues et toutes ses bonnes œuvres. Il vous aidera beaucoup pour votre sainte entreprise par son crédit auprès de Notre-Seigneur et de notre bonne Mère. »

« Or, les conseils de ce vénérable religieux sont pour moi des ordres. Je m'enhardis donc, Monsieur le Curé, à vous supplier de vouloir bien me permettre de vous recommander souvent nos chers mourants... »

Lyon, 1er octobre 1856.

M. L. EMPAIRE,
Président de l'Œuvre de Ste-Elisabeth.

Il ne convient pas d'étendre davantage ces citations; elles suffisent à prouver avec quel espoir d'être exaucé on s'adressait à M. Vianney.

Mais, c'est quand on l'avait vu, quand on l'avait entendu, quand on lui avait ouvert son âme, qu'une confiance et une admiration sans bornes remplissaient le cœur de ces heureux pèlerins qui, entendant parler de l'amour de Dieu par un saint, voyaient, pour ainsi dire, cet amour transparaître dans la charité ardente d'un homme, qui, pour le produire dans leurs cœurs, avait les plus merveilleux secrets.

« Le monde passe; nous passons avec lui. Les rois, les empereurs, tout s'en va. On s'engouffre dans l'éternité, d'où l'on ne revient plus. Il ne s'agit que d'une chose : sauver sa pauvre âme... Voyez les saints : comme ils étaient détachés du monde et de la matière! Comme ils regardaient tout cela avec mépris!... »

(Esprit du Curé d'Ars).

CHAPITRE XX.

LES CATECHISMES DU CURÉ D'ARS.

Naguère, un vieux pèlerin me disait : « Ah ! si vous aviez entendu le Curé d'Ars ! Je me rappelle toujours qu'il disait une fois : « Ah ! mes enfants, si vous saviez ce que c'est que le péché, vous n'offenseriez jamais le Bon Dieu ! »

Avec quelle force, ces paroles avaient-elles donc été prononcées pour retentir encore, après cinquante ans, aux oreilles de celui qui les avait entendu proférer ? On s'imagine mal l'éloquence des saints, car elles ne vient pas tant des choses qu'ils disent que de l'accent avec lequel ils parlent. Si, pendant qu'il célébrait la messe, la foi, au dire d'un témoin, s'échappait des mains, des yeux, de la bouche du Curé d'Ars, quand il parlait, la charité embrasait chacune de ses paroles, elle le consumait lui-même tout entier, et c'était du feu qui sortait de ses lèvres, du feu qui s'élançait de son âme pour allumer dans les cœurs les repentirs ardents ou les brûler d'amour.

« Le jour où il nous fut donné de l'entendre, a écrit M. Brac de La Perrière (1), il parla le matin des dispositions intérieures qu'il faut avoir en assistant

1. Ces lignes ont paru à Lyon en 1863, signées seulement du prénom de l'auteur.

à la messe. A une heure, il fit le catéchisme à l'église. Le soir à sept heures, il expliqua l'Evangile où on lit ces mots : « Cherchez le royaume de Dieu et sa justice, le reste vous sera donné par surcroît! » Que de simplicité et d'élévation! Il régnait dans sa parole de l'enthousiasme séraphique. Aidée de gestes admirables, sa voix excitait la pitié et l'attendrissement, ce n'était ni celle d'un homme, ni celle d'une femme ou d'un enfant quoiqu'elle ressemblât beaucoup plus à ces dernières. Sortie de la tête plus que de la poitrine, à mesure que M. Vianney s'animait, elle devenait si élevée et si vibrante qu'on ne pouvait se défendre d'éprouver un saisissement intérieur. De l'ordre, de la méthode, de la forme, une exposition habile, des pensées coordonnées avec art, il n'en fallait guère chercher; mais, une foi ardente, un accent pénétré, des cris de vérité et des élans d'amour, voilà ce qui abondait et produisait une impression à nulle autre pareille. Dans ces mouvements, il était difficile de ne pas reconnaître l'âme d'un saint, agissant sans autre règle et sans autre mesure que celles d'une inspiration surnaturelle. Aussi lui arrivait-il de dévorer et les mots et les phrases, d'avoir la bouche bordée d'une blanche écume, d'arriver à une attitude en quelque sorte exténuée par le zèle, et de sentir trop pour dire assez. L'auditoire éprouvait de grandes émotions, et, souvent il avait complètement oublié la terre pour entrevoir le ciel. Cette parole était pleine d'éternité. Cent fois, elle répétait les mêmes choses, cent fois, elle leur donnait une nouvelle physionomie. On ne savait comment redire ce qu'elle avait exprimé, mais on en était plein. Le

Curé d'Ars ne faisait pas de raisonnements; il démontrait à peine avec les formes enseignées et connues. Un texte de l'Evangile était pour lui du feu qu'il attisait, de la lumière dont il rassemblait les rayons, un encens pur dont il essayait de multiplier le parfum. Jamais de reproches amers ou de réprimandes acérées. Les menaces, les apostrophes rudes, le fouet de la parole n'étaient guère à son usage. S'il peignait les réalités terribles de l'autre vie, c'était par un cri d'amour qu'il finissait. Il préférait signaler l'infinie miséricorde de Dieu pour l'homme et son incommensurable bonté. Où chercher, sinon dans les mouvements de son âme sanctifiée, l'expression radieuse de sa face? Il arrivait à certains moments qu'on n'osait plus le regarder, la curiosité pieuse finissait par rougir, et les yeux se baissaient devant les siens, dominés qu'ils étaient par une sorte de pudeur dans la vénération. »

Catherine elle-même a bien marqué l'évolution qui se fit dans la pensée oratoire du Curé d'Ars. « L'amour qu'il avait pour Dieu, semblait augmenter à mesure que son âge avançait et que ses forces diminuaient. Presque à la fin de sa vie, ses instructions et catéchismes roulaient presque toujours sur l'amour de Dieu; il commençait parfois un autre sujet, et, toujours, il revenait sur l'amour, surtout la charité et la bonté du Sacré-Cœur de Jésus, sa bonté pour les hommes. C'étaient des sentiments, des exclamations envers ce Cœur adorable, dans le Saint Sacrement de l'autel », — et parfois le discours s'achevait dans les larmes, les mots ne pouvaient plus exprimer de si vifs sentiments.

C'est à la Providence, en parlant à ses enfants, que M. Vianney avait commencé à abandonner son âme; maintenant, sans y penser, il laissait éclater ses vertus, — les plus grands orateurs n'ont pas toujours cette éloquence; le curé d'Ars enlevait rien qu'à le voir.

L'abbé Monnin, sous le titre d'*Esprit du Curé d'Ars,* a composé, avec les exclamations et les pensées de M. Vianney, un merveilleux petit livre.

D'un « *Recueil fait par des personnes sûres et dignes de foi* », j'extrais quelques passages moins connus.

Le premier dimanche de carême de l'année 1849, le Curé d'Ars disait : « En garnison, tous les soldats sont bons, mais, c'est dans les combats que l'on reconnaît les vrais... La plus grande des tentations est de n'en point avoir, et... lorsqu'on ne s'expose pas à la tentation, c'est un bonheur d'en avoir. Le démon tente une âme qui veut sortir du péché et ceux qui sont en état de grâce, parce qu'il prévoit qu'ils feraient du bien... Si nous pouvions voir la joie de notre ange gardien, lorsque nous combattons, et comme il écrit tout! Aussi les tentations combattues seront un sujet de joie à la mort.

Les tentations les plus ordinaires sont l'orgueil et l'impureté; mais un des moyens pour y résister, c'est une vie active pour la gloire de Dieu. Bien des gens se livrent à la mollesse; alors, il n'est pas étonnant que le démon leur ait le pied dessus... »

Le jour de l'Ascension, il s'écriait : « L'homme était créé pour le ciel; le démon a brisé l'échelle qui y conduisait; Jésus-Christ par sa Passion nous en a formé une autre; il a ouvert la porte. Marie est au bout de l'échelle qui se tient à deux mains et nous dit : Venez, venez! oh! quelle belle invitation! Oh! que l'homme a une belle destinée, voir Dieu, l'aimer, le bénir, le contempler pendant toute l'éternité!... On dit que dans le ciel nous serons sur des trônes; ces trônes, c'est l'amour de Dieu qui les forme. On dit *trônes* pour montrer que nous serons grands : cet amour de Dieu remplira, inondera notre âme... »

Le 31 mai 1851, il parlait des privilèges de la Sainte Vierge : « Un bon chrétien doit se réjouir des prérogatives de Marie et surtout de ce qu'elle est agréable à Dieu. Il n'y a que Marie qui ait aimé Dieu réellement... Quand on parle des objets de la terre, de la politique, on se lasse, mais, quand on parle de Marie, c'est toujours nouveau... imitons et prions Marie, elle nous accompagnera au ciel. »

Le 2 février 1855, même sujet, du moins au début.

« Y en a-t-il parmi vous, mes frères, qui aient réfléchi aujourd'hui sur la charité de la Sainte Vierge pour les hommes? Elle nous a préférés à son Fils. Il fallait ou sacrifier son Fils pour sauver nos âmes ou laisser perdre le genre humain pour garder son Fils; mais, Elle a mieux aimé le livrer pour nous sauver. C'est aujourd'hui qu'Elle l'offre à Dieu et que commence pour Elle le sacrifice du Calvaire. Avons-nous aussi médité sur l'amour dont était dévoré le cœur du saint vieillard Siméon? Etant en extase, il avait demandé au Bon Dieu de voir le Sauveur d'Israël. Le Bon Dieu le lui promit. Il passa cinquante ans dans cette attente, l'appelant de tous ses vœux, se consumant du désir de le contempler un instant. Lorsque Marie et Joseph l'apportèrent au Temple, Dieu lui dit : *Le voici!* Prenant alors l'Enfant-Dieu dans ses bras, il pressait sur son cœur inondé d'amour l'Enfant-Jésus qui brûlait ce cœur et l'enflammait. Et ce bon vieillard s'écriait dans ce transport d'amour : Maintenant, Seigneur, laissez-moi mourir, puisqu'il m'a été donné de contempler mon Dieu et mon Sauveur! Puis, il rendit Jésus à sa Mère. Il ne put Le garder qu'un instant; mais, nous, mes frères, ne sommes-nous pas bien plus heureux que Siméon? Nous ne l'avons pas que pour un instant, nous pouvons le garder toujours, si nous voulons. Il ne vient pas seulement dans nos bras, mais dans notre cœur. O homme, que tu es heureux! mais, que tu comprends peu ton bonheur! Si tu le comprenais, tu ne pourrais pas vivre, tu mourrais d'amour. Ce Dieu se donne à toi, se fait ta nourriture, tu peux l'emporter où tu veux, il ne fait plus qu'un avec toi : ô bonheur immense! »

Ainsi, comme dit Catherine, « toujours il revenait sur l'amour ». L'homme est créé pour aimer Dieu, c'est la loi de sa vie et de son bonheur; l'homme est profondément malheureux parce qu'il ignore cet amour. Oh! l'aveuglement des pauvres cœurs qui cherchent avec obstination l'amour où il n'est pas! Oh! les pauvres pécheurs qui seront pour toujours privés d'aimer Dieu! Encore, si Dieu n'était pas si bon! Mais, il est si bon; il a de telles tendresses pour les âmes pures! C'est pour elles qu'il est dans le Saint Sacrement, afin de les combler, en se donnant!

Voilà, de plus en plus, l'enseignement du Curé d'Ars dans ses sermons ou dans ses catéchismes. Je cite quelques exemples tirés de ces derniers, toujours d'après le Recueil que j'ai cité.

« Il y a beaucoup de chrétiens qui ne savent pas seulement pourquoi ils sont au monde. Le Bon Dieu nous a créés et mis au monde pour le servir, l'aimer et travailler à notre salut, rien que cela. Tout ce que nous faisons en dehors de là, c'est du temps perdu, oh! oui, mes enfants! Les trois quarts de ces pauvres chrétiens ne travaillent qu'à satisfaire *ce cadavre* qui va bientôt pourrir dans la terre... Si nous réfléchissions à la noble destinée de l'homme, nous mépriserions notre *cadavre* pour n'estimer que notre âme qui attire les regards de Dieu le Père qui contemple son ouvrage : comme création, voilà, dit-il, mon ouvrage. Le Fils dit : voilà une âme empourprée de mon sang; et le Saint-Esprit dit : voilà mon temple!...

J'ai connu de ces belles âmes qui n'avaient *point de volonté*, tout à fait mortes à elles-mêmes, c'est ce qui fait les saints. Quand une fois on a commencé cette vie d'abnégation, ça va tout seul et quand on a cette vertu, on a tout...

Les demi-chrétiens trouvent toujours des objections pour se soustraire à cette sainte pratique : je ne puis, je n'ai pas pu... ils tournent toujours autour du pot. Voyez ce bon petit saint Maur, que je vous ai quelquefois cité, qui était si puissant auprès du Bon Dieu et si cher à son supérieur par sa simplicité et son obéissance. Les autres religieux étaient jaloux de lui. Le supérieur leur dit : Je vais vous montrer pourquoi j'estime tant ce petit religieux. Il fit la visite des cellules. Tous avaient quelque chose à terminer avant d'ouvrir. Il n'y eut que saint Maur, qui était à copier l'Ecriture sainte, qui de suite laissa son occupation pour se rendre à l'appel de saint Benoît...

Un bon chrétien ce n'est pas cela; il évite le plus léger péché, cherche en tout à plaire à Dieu. Ah! que j'aime ces deux mots à dire tous les matins : « Je veux aujourd'hui tout faire pour glorifier Dieu,... tout pour plaire à ce Bon Sauveur! »

« Notre Père qui êtes aux cieux, notre Père, notre Sauveur! nous devrions souvent dire cela : Quel est votre Père? C'est Dieu. Oh! que cela est consolant! Que votre règne arrive! c'est le règne de la grâce dans notre cœur. Notre pain quotidien!.. La nourriture de l'âme, c'est le corps et le sang d'un Dieu. O belle nourriture! Il y a de quoi, si l'on y pensait, se perdre dans l'éternité! Mon Père, c'est Dieu! ma nourriture est le Corps et le Sang de Dieu même! O homme, que tu es heureux! tu es fait pour adorer, recevoir et aimer Dieu! Qu'heureuses sont ces âmes pures qui ont le bonheur de s'unir à Dieu par la communion; dans le ciel, elles brilleront comme de beaux diamants parce que Dieu se verra en elles! Que le pauvre pécheur est malheureux de ne pas aimer un Dieu qui nous aime tant!...

Si les hommes savaient combien le Bon Dieu est bon, ils ne pourraient jamais l'offenser. Le Bon Dieu est si bon, mes enfants, que son Cœur transpire de miséricorde pour les pauvres pécheurs...

Le Cœur de Jésus est infiniment bon; aussi faut-il avoir confiance en Lui : il n'aime pas la crainte. Dieu le Père a la justice; mais dans le Cœur de Jésus, il n'y a qu'amour... »

Il n'était pas même besoin de comprendre de tels accents. Il suffisait de voir les gestes et d'entendre des sons. A la fin de sa vie, il était souvent difficile et presque impossible de comprendre le Curé d'Ars : la sainteté de l'interprète des hommes auprès de Dieu suffisait à provoquer une indéfinissable émotion : l'âme était bouleversée par ces cris d'amour, par ces effusions de charité qu'elle devinait. Le Saint-Esprit a dit du prophète Elie qu'il s'est élevé comme un feu et que ses paroles brûlaient comme un flambeau ardent. Dieu soufflait, pour ainsi parler, par la bouche du Curé d'Ars, sur les âmes comme sur des charbons : il n'était que d'être présent pour se sentir embrasé. Heureux auditeurs, dont les cœurs, même les plus endurcis, se fondaient comme une cire molle à ces ardentes paroles, pareilles pour nous à de la lave refroidie!

« Si on avait la foi, on verrait Dieu caché dans le prêtre. »

(Tiré du *Recueil*).

CHAPITRE XXI

LE GUÉRISSEUR D'AMES ET LE CONSEILLER.

Dans la page magnifique que le P. Gratry a écrite à la louange du Curé d'Ars, on trouve ces lignes : « Il aimait Dieu et ses frères si ardemment, que pour exhorter, consoler, relever, purifier et bénir, il ne cessa de se donner, d'âme et de corps, comme une Eucharistie, à la foule avide et serrée qui l'entourait et le pressait. »

Une Eucharistie! La comparaison eût indigné et affligé le Curé d'Ars; mais qu'elle est expressive! Parce qu'il aimait son Dieu, comme les saints savent l'aimer, il réalisa le mot de saint Paul : Jésus vivait en lui. Son corps et son âme devenaient en quelque sorte, par Jésus, comme une matière dont l'amour était la forme, et, c'était tous les jours l'oblation de sa vie qu'il offrait ainsi qu'un sacrement, pour la conversion des pécheurs. Ce sacrifice, Dieu l'agréait au point qu'entre les mains de son prêtre, il abandonnait ses grâces et sa puissance, ses lumières et ses consolations et qu'il semblait dire encore à la foule : « Celui-ci est mon serviteur bien-aimé, écoutez-le (1) ».

On l'écoutait quand il parlait en chaire; on ai-

1. Cf., le P. Gratry, Commentaire sur l'Evangile de saint Matthieu. T. II, p. 55-57.

mait mieux l'entendre au confessionnal. Là, vraiment, pour chaque âme il avait des paroles de vérité : pain qu'il rompait du matin au soir, en se brisant lui-même, pour suffire aux besoins des affamés, qui, de tous côtés accouraient chaque jour plus nombreux. Et nous touchons là vraiment le providentiel et le divin, nous entrevoyons la prédestination terrestre du Curé d'Ars, nous saisissons le caractère du pèlerinage qu'il suscita : il fut un guérisseur d'âmes. Le confessionnal de M. Vianney, c'est le pôle sur lequel tourne toute son action; c'est encore, si l'on veut la piscine probatique autour de laquelle s'empresse la foule des malades, des aveugles et des boiteux, qui, tous attendent que l'ange du Seigneur agite pour eux l'eau des grâces salutaires et détersives.

Si l'on cherche quelle fut la méthode du Curé d'Ars, à vrai dire, elle échappe : l'Esprit de Dieu qui anime les saints et les dirige ne s'enferme pas dans une définition. Je crois néanmoins que les lignes suivantes, empruntées au vieux maître en théologie du Curé d'Ars, Mgr Joly de Choin, pourraient assez bien caractériser sa manière : « Les confesseurs doivent être doux et fermes tout ensemble. Leur douceur ne doit point affaiblir leur zèle et leur fidélité aux règles qui leur sont prescrites. Ils doivent défendre l'entrée du sanctuaire aux âmes qui ne sont pas encore assez pures, mais travailler en même temps à les purifier avec une affection tendre et réglée; adoucir par leur charité et par leur patience l'amertume des remèdes dont ils ne peuvent les dispenser; se souvenir enfin qu'ils ne sont pas moins les vicaires de la charité de Jésus-Christ que de sa puissance et ne séparer jamais l'une de l'autre. »

On a beaucoup loué la bonté onctueuse du Curé d'Ars au saint tribunal, il est non moins exact de parler de sa sévérité, qui, aujourd'hui, risquerait de paraître outrée. Il lui arrivait de renvoyer jusqu'à cinq ou six fois ses pénitents avant de les admettre à la grâce de l'absolution. Quand il s'agissait de ses paroissiens, il était plus rigide encore : « Avec M. Vianney, disait l'un d'eux, il fallait avoir renoncé à tout. »

On peut trouver l'explication de cette conduite dans « le zèle et la fidélité aux règles prescrites »; le Curé d'Ars s'inspirait de la théologie de son temps, laquelle se ressentait du jansénisme. Mais, il est plus vrai d'affirmer que M. Vianney agissait de la sorte pour obtenir un plus grand bien, et à ce sujet, un fait raconté par M. Monnin semble bien caractéristique.

Deux femmes en deuil se rencontrèrent autour du confessionnal de M. Vianney, l'une, vraie chrétienne, avait vu l'épreuve s'abattre sur elle avec une sorte d'acharnement; l'autre, mondaine et frivole, avait été brisée par la mort de son fils unique. Celle-ci fut consolée avec une paternelle compassion, celle-là se vit reprocher jusqu'à ses larmes; ne pouvait-elle pas souffrir avec son Dieu, et la croix n'avait-elle donc plus pour elle ses fortifiantes amertumes? (1).

---

1. Saint François de Sales écrivait à Mme de Chantal : « Eh bien! si Dieu vous ravissait tout cela, *n'auriez-vous pas encore assez d'avoir Dieu?* »

Ainsi, avant tout, M. Vianney appropriait ses avis aux besoins des cœurs : quelle joie pour lui, quand il rencontrait quelques-unes de « ces belles âmes » dont il a parlé avec enthousiasme; il y saluait Jésus vivant et agissant en elles, et, cela le consolait de tant de misères, de tant d'offenses faites au Seigneur, dont l'incessante énumération l'affligeait plus que tout.

Ses monitions étaient d'ordinaire courtes; en quelques mots, il avait précisé la direction à suivre, signalé l'obstacle à éviter, enfoncé dans l'âme un de ces traits qu'il était impossible d'arracher. On sait qu'un jour, il dit à Mgr de Langalerie, pour tout avis, ces simples paroles : « Aimez bien vos prêtres. »

C'est que le Curé d'Ars lisait d'ordinaire dans les consciences, comme sur les feuillets d'un livre. « De tous les saints personnages qui ont possédé le don de lire dans les cœurs, aucun ne l'a exercé si longtemps et n'en a fait un si grand usage que notre Bergère, a écrit l'historien des *Merveilles du Laus*. « C'était sa mission, ajoute-t-il, et quelle mission au milieu de pareils concours ! » Ces lignes de l'abbé Pron sont aussi vraies du Curé d'Ars que de Sœur Benoîte. En voici quelques preuves.

Mme Ruet, d'Ouroux, qui avait déjà de nombreux enfants, allait être mère une fois encore. Elle était âgée de cinquante ans environ, et, ce qui avait rempli d'allégresse Anne, mère de Samuel, l'affligeait vivement. Que de railleries à entendre, d'œillades effrontées à subir ! La pauvre femme n'osait plus paraître. Elle vint pourtant jusqu'à Ars, pour y chercher un peu de courage, au moins quelque consolation. Le Curé d'Ars s'en fut vers elle directement : « Suivez-moi, mon enfant. » Puis au confessionnal : « Vous êtes bien triste, mon enfant! — Oh! oui, mon Père, je suis trop âgée, j'ai honte! — Consolez-vous, mon enfant! Si vous saviez combien de mères seront en enfer, pour n'avoir pas donné au monde les enfants qu'elles devaient lui donner! »

« Je me suis confessée, ajoute Mme Ruet, et je suis revenue chez nous légère comme une plume. C'est mon Baptiste, disait-elle encore en parlant de son enfant, je l'ai toujours bien-aimé. Il a été le plus gentil de la famille. »

Un brave homme qui habitait le département de la Drôme avait entendu parler des guérisons merveilleuses obtenues à Ars. Sa femme était depuis longtemps malade, il n'hésita pas, il partit.

Arrivé à Ars, il s'étonna d'abord d'y voir une foule si nombreuse; il n'avait pas imaginé pareil concours. « N'importe, se dit-il, je verrai le curé. » Il s'informa. On lui dit qu'il n'était guère possible de voir le Curé d'Ars ailleurs qu'au confessionnal où il était presque toujours enfermé. Diable! voilà à quoi il n'avait pas songé du tout. Se confesser! Depuis si longtemps, il en avait perdu l'habitude! Que faire? « Après tout, pourvu que je lui parle de ma femme et qu'il me donne un remède, peu importe ce que je lui dirai en confession! » et il se mit sur les rangs des pénitents.

Son tour arrive. Il mâchonne un semblant d'accusation, puis, pensant que c'est assez, il veut parler de sa femme malade et du remède qu'il vient chercher de si loin. A ce moment la grille se referme, et il a juste le temps d'entendre ces mots prononcés d'une voix sifflante : « Vous reviendrez demain. » Le lendemain, même aventure.

Si jamais quelqu'un fut déconcerté, ce fut à coup sûr notre homme. Mais tel était son espoir d'obtenir un remède pour sa femme qu'il se risqua une troisième fois, — il n'était d'ailleurs pas mieux disposé à se confesser.

« Eh ! mon ami, ce n'est pas ainsi qu'il faut vous moquer du Bon Dieu ! Vous ne dites pas ceci et cela; vous avez fait de la prison préventive pour tel motif; dans tel chemin, vous avez reçu une volée de coups de bâton ! »

A ces mots qui lui révélaient à lui-même ses méfaits, notre homme tressaillit des pieds à la tête. Il ne faisait pas une accusation sincère, c'était vrai; il avait été impliqué dans une affaire d'assassinat, c'était vrai; il avait été assailli de coups de bâton, là-bas, dans le chemin qui lui était désigné, c'était encore vrai. Mais, comment M. le Curé savait-il ces choses? L'emprisonnement, fait connu dans le pays, était ignoré à Ars. Et le reste, qui le lui avait révélé ?

Ces réflexions passèrent comme un éclair dans la conscience du pénitent, elles le bouleversèrent, la grâce acheva de muer ses mauvaises dispositions en sincérité et en repentir...

Mlle Clotilde Molozoë vint, comme tant d'autres, à Ars, demander au *Saint* Curé d'intercéder pour la guérison de sa mère malade et en même temps lui confier l'affaire de sa vocation : « Mon enfant, consolez-vous, vous serez religieuse, mais dans *une con-*

grégation qui n'existe pas encore. » Elle entra, en effet, chez les Petites-Sœurs de l'Assomption dont l'œuvre ne commença d'exister qu'en 1864, c'est-à-dire cinq ans après la mort de M. Vianney.

Il n'entre pas dans mon dessein de prolonger des citations qui seraient interminables. Qu'il me suffise de dire que les *Annales d'Ars* (1), publient depuis neuf ans, chaque mois, un fait d'intuition surnaturelle et que la série des faits n'est pas encore épuisée. M. Vianney fut le conseiller des fondateurs d'œuvres, tels que le P. Chevrier, le P. Muard, M. Le Prévost, Mère Marie Véronique, fondatrice des Sœurs victimes du Cœur de Jésus, Mlle Smet, qui institua les Auxiliatrices du Purgatoire; — il discerna la vocation d'âmes innombrables; que de fois on lui a tenu le langage suivant : « Celle qui est à vos pieds gémit depuis longtemps, non parce qu'elle souffre, mais de voir qu'elle ne peut servir son Dieu comme elle le voudrait... C'est vous qui allez me sortir de l'assoupissement et me tracer la plan de vie que je dois suivre. Je ne m'en irai point que vous ne me l'ayez obtenu (2) ». Et M. Vianney disait à l'une : « Non, non, mon enfant, vous ne vous ferez pas religieuse »; à l'autre : « Allez dans tel couvent, vous y serez bien, c'est votre vocation »; à Mlle Bossan, la sœur du célèbre architecte : « Il faut vous faire religieuse de la Visitation, dépêchez-vous, vous n'avez pas cinquante ans, pour faire votre couronne. »

1. Les Annales d'Ars, revue mensuelle, prix 3 frs. 3 fr. 50 pour l'étranger. — On s'abonne à la cure d'Ars. — Ecrire à M. le curé d'Ars ou au gérant des Annales.

2. Extrait d'une lettre.

Il répondit à Mlle Anaïs Chaye, qui désirait entrer en religion : « Mon enfant, il faut vous marier ». Le diocèse d'Orléans doit au Curé d'Ars, Mgr Dupanloup.

Mais, c'est surtout pour ramener à Dieu les pécheurs que ces dons surnaturels avaient été départis à M. Vianney. — Et c'est aussi comme un signe de sa mission que lui fut accordé le pouvoir de guérir les malades. Bien des miracles se sont opérés à Ars; des boiteux y ont laissé leurs béquilles, des aveugles y ont recouvré la vue.

Viret, un des amis fidèles de M. Vianney, raconte qu'allant se confesser à la sacristie, il aperçut M. Vianney qui y conduisait par la main une petite fille de douze à treize ans, elle était accompagnée de sa mère. Quand toutes deux ressortirent, Viret interrogea la femme. « La petite me dit : voilà deux ans que je ne voyais rien, j'avais toujours les yeux bandés par un mouchoir; mais, à présent je vois clair. » « Et je lui fis voir, continue Viret, des taches sur mon livre qu'elle a bien *connues.* » Une autre fois Viret demanda au Curé d'Ars, si sa sœur qui était malade ne guérirait pas. « Voilà la réponse du saint Curé : le Bon Dieu aura bien de la peine à guérir votre sœur, elle mourra, mais, elle ira au ciel. »

C'est par ces dons extraordinaires de discernement et d'intuition que le Curé d'Ars, en révélant aux âmes leur état, les amenait au repentir : « On ne saura jamais en ce monde combien de pécheurs ont rencontré leur salut à Ars! » disait M. Vianney. On lui demandait un jour : « Vous faites donc le prophète, Monsieur le Curé? — Oui, au petit bonheur, comme les almanachs, ou bien comme Caïphe, qui, étant prêtre, prophétisa. » C'était bien, malgré qu'il en eût, le don d'intelligence et de conseil que le Saint-Esprit manifestait d'une manière si merveilleuse par la bouche de M. Vianney, et il apparaît en vérité comme un autre Jean-Baptiste, un prophète, un *voyant* à qui l'on venait aussi demander de toutes parts : « Et nous, que devons-nous faire ? » L'esprit éclairé par un mot qui jaillissait comme une lumière, chacun s'en allait réconforté, possédant le secret de son âme : « Mon Père,... vous m'avez dit mon nom », a écrit Ernest Hello, à la fin de l'article qu'il a consacré au Curé d'Ars. A une foule de gens qui l'ignoraient ou le cherchaient dans l'anxiété, M. Vianney a révélé leur nom, c'est-à-dire ce qu'ils étaient et ce qu'ils devaient être.

« On ne peut pas comprendre le pouvoir qu'une âme pure a sur le Bon Dieu. Ce n'est pas elle qui fait la volonté de Dieu, c'est Dieu qui fait sa volonté. »

(Petites fleurs d'Ars).

CHAPITRE XXII.

L'HUMILITÉ DU CURÉ D'ARS

Au milieu des pèlerins qui le vénéraient, qui lui prodiguaient à l'envi les ovations, qui lui attribuaient bien haut des merveilles, que devenait le *pauvre Curé d'Ars?* Les uns dérobaient le catéchisme dont il s'était servi, les autres allaient jusqu'à couper sa soutane ou même de ses cheveux. Il souriait, en pensant qu'ordinairement Dieu se sert de ce qu'il y a de moindre pour faire beaucoup de bien, parce que c'est Lui qui fait tout. D'ailleurs, n'avait-il pas supplié le Bon Dieu de lui révéler sa pauvre misère? Et il était encore épouvanté de cette vision : « Je ne pouvais plus y tenir, a-t-il avoué, et j'ai demandé à Dieu de m'ôter un peu de cette peine. » La terreur des jugements divins était le providentiel contrepoids des enthousiasmes populaires. Il songeait qu'on ne le connaissait pas; qu'autrement tout le monde aurait eu à son sujet les mêmes sentiments que lui. Aussi rien ne le réjouissait-il plus qu'une réflexion désobligeante, et il n'est pas téméraire de croire que c'est pour provoquer des paroles de ce genre, que M. Vianney traversait la place, ayant à la main le petit pot qui contenait sa nourriture. « Ce n'est que ça, le Curé d'Ars? si j'avais su! — Eh! oui, mon ami, c'est le pauvre Curé d'Ars; je suis contrarié que l'on vous ait trompé et que vous ayez fait inutilement un long voyage pour venir voir le plus ignorant des hommes. » « Si le Bon Dieu avait eu sous la main un instrument plus misérable, aimait-il à répéter, il l'aurait pris, et il aurait fait par lui cent fois plus de bien. »

Rentré chez lui, il ne voyait plus que ses pauvres péchés, son ignorance, et ses désirs de fuir le reprenaient : il demanderait à son évêque la permission de se retirer.

Un saint religieux a écrit : « L'humilité est le fondement de toutes les vertus, mais la conformité à la volonté de Dieu en est l'âme (1) ».

Le Curé d'Ars ne l'ignorait pas, — et, le lendemain, malgré ses appréhensions, il recommençait sa tâche; la foule l'acclamait, et, il songeait : « Lorsque j'allais en champs mener paître mon âne et ma brebis, que j'étais heureux ! » et, il retournait s'enfermer dans le confessionnal ! « Pauvre saint Curé, s'écrie Catherine, comme il savait renoncer à sa volonté ! »

Cette humilité du Curé d'Ars, elle n'éclatait pas que dans ses paroles, le renoncement même ne l'épuisait point. Que de fois, lui, éclairé de l'Esprit-Saint, n'a-t-il pas demandé conseil à ses missionnaires, même aux plus jeunes ? Quelle leçon de défiance de soi ! On put même remarquer que, suivant les conseils de M. Camelet, après une mission prêchée à Savigneux, il relâcha quelque chose de sa sévérité au saint tribunal. L'humilité du Curé d'Ars se manifesta plusieurs fois par son obéissance à son évêque, même

1. P. Ambroise de Lombez.

en mangeant de la viande, au risque d'en être tout à fait malade; quand Mgr de Belley lui ordonna de modérer ses austérités, de se nourrir un peu mieux, il le fit simplement.

Cependant des marchands avaient fait éditer le portrait du Curé d'Ars; ils vendaient sa biographie hâtivement écrite; ils avaient ramassé de-ci de-là des textes de prières qu'ils attribuaient à M. Vianney, recueilli sans grand souci d'exactitude quelques-unes de ses instructions : c'était un flot montant d'éloges et rien ne pouvait être plus désagréable au Curé d'Ars, à supposer que tout y fût l'expression de la vérité. Il avait ri de son *carnaval,* ainsi qu'il appelait son image : « On peint bien le diable, on peut bien me peindre moi aussi »; mais, il pria l'évêque de Belley d'intervenir pour les écrits. Mgr Chalandon condamna les spéculations mercantiles de ceux qui, de la piété, auraient voulu faire un gain.

En même temps, c'était vers la fin de sa vie, M. Vianney fit paraître dans le *Journal de l'Ain* une lettre où on lit ces lignes : « Depuis plusieurs années, on a publié dans la paroisse d'Ars et ailleurs des notices plus ou moins inexactes dont je suis le sujet et dont j'ai souvent à rougir. On a publié aussi des livres de piété, enrichis de traits extraordinaires, pleins de faussetés et d'exagérations... » Est-ce que les marchands se tinrent pour battus? Y eut-il un moindre débit de ces sortes de publications? Je ne saurais le dire, mais on comprendra l'émotion de M. Vianney par le seul énoncé du titre d'un de ces ouvrages contre lesquels il s'élevait : « Ars ou notice historique sur la vie, les miracles et les travaux apostoliques du vénérable Curé d'Ars » — (Typographie de Ch. Dieu, Metz, 1852). Il aurait préféré recevoir des coups de bâton. Il le déclara lui-même quand Mgr Chalandon lui imposa le camail de chanoine. Un témoin, Mlle de Belvey, ne pouvait s'empêcher de rire en se rappelant la mine déconfite du chanoine Vianney. « Quelques jours après l'événement, Mgr Chalandon recevait cette lettre : « Monseigneur, le camail, que vous avez eu la grande charité de me donner, m'a fait un grand plaisir, car, ne pouvant achever de compléter ma fondation, je l'ai vendue 50 francs; avec ce prix j'ai été content » (4 novembre 1852).

Il fut de même *attrapé* quand l'Empire s'avisa de le décorer de la Légion d'honneur : quelque chose pour ses pauvres l'eût mieux arrangé.

A ce propos, il n'est pas déplacé de dire un mot de l'humilité de M. Vianney dans ses œuvres charitables.

On n'a pû manquer de connaître ses largesses pour l'établissement des missions décennales dans un grand nombre de paroisses; on n'a pu ignorer les messes qu'il a fondées à Ars, à Savigneux, à Rancé, etc.; on sait les ornements, les vases sacrés qu'il a donnés un peu de tous côtés, mais on n'a jamais pu connaître ses libéralités à l'endroit des indigents qui passaient ou résidaient à Ars. Il a payé, dit-on, jusqu'à trente loyers de pauvres filles, qu'il fournissait encore de pain et de charbon; il secourait les pèlerins sans ressources, se chargeant soit de la dépense à l'hôtel, soit des frais de retour. « Vous thésaurisez donc, Monsieur le Curé? » lui dit un jour en riant l'abbé

Toccanier. — « Ah! mon camarade, voilà la Saint-Martin, il faut bien que je songe à payer mes *fermes!* ».

Mais, il fut ingénieux surtout à cacher les grâces que Dieu opérait par ses mains; tout le monde lui attribuait des miracles; lui s'abritait dans la gloire de *sainte Philomène.*

Lié de bonne heure avec celle qu'il nommait sa sœur dans les œuvres, Pauline-Marie Jaricot, la fondatrice de la Propagation de la Foi, dès qu'il eut connu par elle le nom de sainte Philomène, il entrevit tout le parti que son humilité pourrait tirer de celle qui serait désormais *sa petite sainte.* C'était comme un pacte entre eux : elle l'assisterait, elle serait son « consul » auprès de Dieu; lui l'invoquerait en toute circonstance. Le premier biographe de M. Vianney a bien dit : « Aux yeux de l'humble prêtre, et sans doute aussi dans son intime conviction, c'est pour honorer, invoquer et prier cette sainte, pour les maladies physiques, comme la Sainte Vierge pour les maladies morales, qu'on vient à Ars et rien de plus (1) ». C'est donc à elle qu'il fallait attribuer les multiples miracles d'Ars. Une hôtesse d'Ars disait un jour à l'abbé Lenfant, aumônier du collège de Blaye : « Ça vous étonne, Monsieur l'Abbé. Ah! nous autres nous y sommes bien accoutumés aux miracles! Notre curé en fait tous les jours. On me dirait qu'il a ressus-

1. Azun de Bernétas, 1857. — La vie écrite par cet auteur n'est pas dépourvue de mérites, au point de vue historique. Mais, lui même a pris soin de discréditer son ouvrage par une polémique inconsidérée et par de sottes réponses à M. *Buyard*, vicaire-général de Belley, et à M. *Taucanier*, curé d'Ars. — M. Monnin l'a fait oublier.

CHAPELLE ET CHASSE DE SAINTE PHILOMÈNE.

cité tous les morts du cimetière que je ne prendrais pas la peine d'y aller voir ! » De fait, M. Vianney avoua un jour qu'il s'était opéré quatorze miracles par l'entremise de sainte Philomène.

Mais cette ombre mystérieuse, où il déposait les prodiges que Dieu accomplissait par lui pour la conversion des pécheurs, ne suffisait déjà plus au pauvre Curé d'Ars : « Monsieur le Curé, lui dit un jour l'abbé Toccanier, un bruit court à votre sujet. — Ah ! et lequel, mon camarade ? — On dit que vous avez défendu à sainte Philomène de faire des miracles ici. — C'est vrai, dit-il en souriant, ces miracles font trop de bruit, attirent trop de monde ; je lui ai dit de les guérir plus loin, de convertir les âmes. Elle m'a bien écouté, ma petite sainte ; plusieurs malades sont venus ici et y ont commencé leur neuvaine, mais, ils ont été guéris chez eux, dans leur pays. Ni vu, ni connu ! »

Si j'ai mis en relief, entre autres vertus excellentes, l'humilité du Curé d'Ars, c'est qu'elle fait partie de sa physionomie de saint, c'est qu'elle est caractéristique en un temps où l'orgueil de penser, l'orgueil de vivre suivant ses passions, ont été proclamés comme un progrès et comme un droit. « Ah ! humilité ! humilité ! c'est notre orgueil qui nous empêche de devenir des saints. L'orgueil est la chaîne du chapelet de tous les vices, l'humilité, la chaîne du chapelet de toutes les vertus. »

« Ceux qui nous humilient sont nos amis et non ceux qui nous louent. »

(Vie).

CHAPITRE XXIII.

LA MORT

Monsieur Vianney s'était remis de l'affection pleuropneumonique, qui, en 1843, l'avait mis à deux doigts de la mort, mais les malaises restaient fréquents, il était particulièrement sujet aux douleurs d'entrailles et à des maux de tête presque continuels. Il lui arrivait de montrer de la main à Catherine, son front avec une indéfinissable expression de souffrance. Puis, une toux opiniâtre survint, qui lui déchirait la gorge et la poitrine. Autour de lui, on remarquait l'affaiblissement de tout l'être; lui-même, il ne parlait plus guère que de son départ pour l'éternité; « il semblait, dit Catherine, avoir presque continuellement devant les yeux la pensée de la mort. » Il ne diminuait rien de ses travaux, ni de ses veilles, seulement, il n'en pouvait plus. Quand vers le soir, il quittait l'église, il était horriblement las, il s'accrochait aux chaises pour ne pas choir, épuisé. « C'est ennuyeux, disait-il à propos de la toux, qui ne lui laissait ni repos ni cesse, c'est ennuyeux, ça me prend tout mon temps! »

Il ne fallait pas songer à l'arrêter. Les pèlerins venaient toujours en plus grand nombre, il ne voyait que leurs âmes à sauver. Qu'objecter à quelqu'un qui est capable d'aussi sublimes paroles que les suivantes? « Monsieur le Curé, si le Bon Dieu vous proposait de monter au ciel tout de suite ou de rester sur la terre pour la conversion des pécheurs, que feriez-vous? — Je crois que je resterais. — Est-ce possible? Les saints sont si heureux dans le ciel! — C'est vrai, mon ami, mais les saints sont des *rentiers*, ils ne peuvent plus comme nous glorifier Dieu par des sacrifices pour le salut des âmes. — Resteriez-vous donc sur la terre jusqu'à la fin du monde? — Tout de même, mon camarade. — Vous auriez alors bien du temps devant vous : vous lèveriez-vous si matin? — Oh! oui, à minuit. Je ne crains pas la peine. Je serais le plus heureux des hommes, si je ne pensais pas qu'il faudra paraître au tribunal de Dieu, avec ma pauvre vie de curé! » Tout au plus, quand on le pressait trop pouvait-on lui arracher ces mots, prononcés avec un sourire qui désarmait : « Oui, je souffre un peu. »

Cependant, le saint Curé s'affaiblissait. Le 19 novembre 1855, Mgr Chalandon écrivait à l'abbé Toccanier : « J'apprends avec grande peine l'état dans lequel se trouve la santé de notre Curé. Je lui défends de dire son bréviaire, toutes les fois que vous ne le lui permettrez pas. Je le dirai en son nom comme au mien, et il offrira à Dieu ses souffrances dans mon intention. »

Au mois de décembre, il allait un peu mieux : il reprit ses occupations ordinaires.

Mais, pendant les chaleurs de l'été, les fatigues excessives de son apostolat l'accablaient. Il ne dormait pas deux heures, la nuit, étendu sur sa pauvre paillasse, où, vainement, il cherchait quelque repos. La toux qui l'étreignait, l'éveillait à chaque instant. Il était baigné de sueur, il se ramassait, se repliait sur lui-même et finissait par trouver une bonne place juste à l'heure qu'il fallait se lever.

Il dura ainsi quelques années; il lui en fallait si peu pour *faire galoper son cadavre!* Deux heures de bon sommeil le remettaient pour des semaines entières; son zèle même en le dévorant, le soutenait comme la fièvre un malade. Et l'on s'habituait à le voir anéanti la veille, et debout le lendemain. Cependant, il faiblissait petit à petit, il ne pouvait plus se traîner, il tombait en allant de la chambre à l'église. Les pèlerins, ses paroissiens mêmes ne s'en apercevaient pas; ils continuaient de l'implorer, de le harceler, mais, lui, *souffrait comme un malheureux :* il était diaphane : toute la vie semblait réfugiée dans ses grands yeux, qui, dans sa tête amaigrie, brillaient comme d'une étincelle de Dieu. Les grandes chaleurs du mois de juillet 1859 l'exténuèrent. « On ne pouvait entrer dans cette église d'Ars, a écrit M. Monnin, sans être suffoqué. Il fallait que les personnes, qui attendaient leur tour de confession, sortissent à chaque instant pour retrouver, hors de cette fournaise, un peu d'air respirable. » Malgré son énergie, le confesseur lui-même dut, à la fin, sortir plusieurs fois du confessionnal et se reposer un peu dans la cour du presbytère. Il tomba, comme un athlète, sur l'arène.

« Le soir du 29 juillet, dit Catherine, il rentra avec le Frère Jérôme. Je fus voir s'il voudrait prendre quelque chose. Le soleil était couché; M. Vianney était très fatigué. On lui dit que s'il sortait un moment, peut-être, l'air lui ferait du bien. Il sortit, en effet, et dirigea ses pas du côté de la maison des Frères, car, il ne pouvait sortir ailleurs sans être assiégé par la foule. Il rentra presque aussitôt, n'en pouvant plus de fatigue.

« Nous nous sommes retirés. Nous l'avions laissé seul, non sans inquiétudes, lorsqu'à une heure après minuit, il frappa pour appeler. J'arrive la première et je lui demande comment il va... « C'est ma pauvre fin, il faut aller chercher M. le Curé de Jassans. » C'était son confesseur. Je lui dis : « Ce ne sera rien, Monsieur le Curé, je vais appeler le Frère, nous ferons ce que nous pouvons pour vous soulager. » Le Frère Jérôme accourt, il lui dit la même chose : « C'est ma pauvre fin ! »

Aussitôt que le jour fut venu, on alla chercher le curé de Jassans qui arriva avec le médecin.

« Je demandai au médecin : Comment le trouvez-vous ? Il me répondit : Si les chaleurs diminuent, nous pouvons espérer, mais si elles continuent nous allons le perdre. »

C'était le samedi matin. Les chaleurs ne cessèrent pas, le malade s'affaiblissait de plus en plus. Ses paroles n'étaient qu'un souffle imperceptible, il s'épuisait à prononcer plus distinctement quelques mots : il voulait être administré tout de suite.

La chaleur de l'après-midi était brûlante. Plusieurs prêtres accompagnèrent le Saint Sacrement avec des cierges allumés. La chaleur de la chambre en devint intolérable, on en éteignit plusieurs. Lui, cependant, ne songeait qu'à la visite de son Dieu. Avant même que le ministre fût entré, il était en larmes. « Pourquoi pleurez-vous? » interrogea le Frère Jérôme. « Ah! dit-il, quand on pense qu'on va recevoir le Bon Dieu pour la dernière fois! »

Après la cérémonie, il parut plus fatigué encore. C'est alors qu'on eut l'idée, pour rafraîchir l'air étouffant de la chambre du malade, d'arroser les murs, les escaliers, et jusqu'au toit : « On aurait tout fait au monde, dit Catherine, pour donner un peu de soulagement au malade, mais, inutilement. C'était, comme il avait dit, sa pauvre fin. On fit venir un second médecin. Que pouvait son art sur un corps épuisé d'austérités et de labeur?

« Monsieur le Curé, espérons encore; sainte Philomène qui vous a guéri, il y a dix-sept ans, et que nous allons prier avec ferveur, nous exaucera, elle intercédera auprès du Bon Dieu, et vous vous rétablirez encore cette fois! — Oh! cette fois, sainte Philomène n'y pourra rien. »

Les pèlerins et les paroissiens emplissaient l'église et priaient pour le malade, inlassablement.

Lui ne songeait plus qu'à la mort dont il avait eu, semble-t-il, le pressentiment depuis quelque temps. Un jour qu'on lui avait donné un beau ruban, Catherine lui avait dit : « Monsieur le Curé, il servira pour la Fête-Dieu à la procession, pour vous aider à soutenir l'ostensoir. » Il avait répondu en souriant : « Je ne le porterai pas deux fois. » Ce fut vrai, car, cette année 1859, il ne put pas porter le Saint Sacrement à ces Fêtes-Dieu d'Ars dont il avait fait de si glorieuses et si touchantes manifestations de foi. Il avait dû se résigner à donner seulement la bénédiction au reposoir.

Et maintenant il se mourait, il le savait bien. Mais, des terreurs du jugement de Dieu qui, autrefois, le jetaient dans un si profond désespoir, il ne restait plus rien, pas plus que des vexations extérieures par où les démons l'avaient si longtemps tourmenté.

Ce livre, qu'il avait rêvé d'écrire sur *les délices de la mort*, il achevait d'en composer les dernières pages; et c'était comme un beau cantique dont les premières strophes étaient faites de patience et de résignation, et qui s'élargissait enfin dans la confiance et dans la joie; ou bien c'était le chant du soir que le laboureur entonne pour se réjouir, avant d'aller trouver le repos des fatigues du jour : « O heureuse mort qui nous délivre de tant de misères!.. Beau ciel, quand te verrons-nous? O mon Dieu, jusques à quand me laisserez-vous languir dans cette terre étrangère? dans ce bannissement?... Mon Dieu que le temps me dure! Quand est-ce que j'aurai le bonheur de vous voir dans le ciel, afin de vous aimer plus parfaitement? »

Dieu cependant lui réservait une suprême consolation sur la terre. Mgr de Langalerie qui se trouvait à Meximieux, fut averti que le saint Curé était à toute extrémité. On était au mercredi, 3 août. L'évêque arriva en toute hâte. Il bénit l'agonisant, l'embrassa; puis, il se rendit à l'église, où il donna la bénédiction du Saint Sacrement : les paroissiens et les pèlerins étaient en proie à une émotion indicible; les missionnaires, qui étaient tous accourus, occupaient le chœur de l'église avec les prêtres étrangers, et tous ensemble, évêque, prêtres et fidèles imploraient un miracle, afin que leur ami, leur père fût rendu à la santé.

Vers le soir, Mgr de Langalerie se retira au château d'Ars. Les missionnaires, les Frères, M. Des Garets, le maire d'Ars, avaient résolu de passer la nuit au presbytère, non pas dans la chambre du moribond, mais prêts à accourir au moindre signal.

La chaleur était étouffante; un violent orage éclata. Vers deux heures du matin, M. Vianney sembla au bout de sa longue agonie. On se réunit auprès de son lit pour réciter les prières de la recommandation de l'âme, et, doucement, le Curé d'Ars alla se reposer en paradis.

CHAPITRE XXIV

LE TOMBEAU GLORIEUX.

L'Angelus ne tintait plus maintenant à Ars qu'aux heures ordinaires; la petite église ne s'ouvrait qu'au matin, il n'y avait plus, tout autour, cette animation de ruche en activité, que la nuit même n'apaisait pas.

Jamais plus on ne reverrait ces choses, car celui qui en avait été l'âme, gisait sous une dalle noire, et, vainement, on évoquait « ces traits rudes et grossiers peut-être dans leur structure native, mais devenus inspirés et radieux; cette face que Dieu semblait avoir pétrie sous sa touche adorable; ces yeux dont la flamme plongeait délicieusement jusqu'à l'âme, comme un rayon d'ineffable amour (1) », c'était fini, le presbytère du Curé d'Ars restait clos : M. Vianney était mort; est-ce que son œuvre n'allait pas à son tour disparaître?

Sans doute, l'œuvre paroissiale subsisterait quelque temps encore : il avait si bien chevillé la foi

1. Docteur Ch. Despiney. *L'art de vivre.* — Rapprocher ces mots de Mgr Bougaud : « Je n'ai vu dans ma vie qu'un seul visage de saint. C'était un visage naturellement laid, vieilli d'ailleurs et usé par les austérités et le jeûne, et, cependant, il y avait dans cette physionomie, dans ce regard, quelque chose de si divinement beau, que si l'on me demandait de le peindre, je n'essaierais même pas. » Sainte Monique, in-8°, p. 58.

dans le cœur de la plupart de ses gens! Qu'on en juge par cette anecdote.

On sait combien le paysan tient à la terre et qu'il n'est pas rare que des brouilles ou parfois des haines soient provoquées entre les membres d'une famille par des questions d'hoirie. Depuis deux ans, un paroissien d'Ars, qui avait eu des chicanes de ce genre avec son beau-frère, ne faisait plus ses Pâques. Le Frère Athanase le rencontre et lui dit : « Eh bien! Jean, n'allez-vous pas recevoir le Bon Dieu, cette année? — Frère, mettez-vous à ma place, que feriez-vous? — Mais, vous avez fait votre devoir, vous avez tenté les premières démarches, si vous n'avez pas réussi, ce n'est pas votre faute. — Oui, mais, il m'a mal reçu et il reste encore quelque chose là; je ne puis pas aller communier comme ça! ».

Mais le pèlerinage n'allait-il pas péricliter? Comme une source, qui, longtemps abondante, tarit par une sécheresse obstinée, est-ce que le flot des pèlerins, que n'attirait plus la présence de M. Vianney, ne courait pas risque de décroître peu à peu, pour cesser tout à fait de couler?

Non! Dieu ne s'était pas suscité un prêtre pour le laisser tomber dans un rapide oubli; il n'avait pas allumé ce chandelier pour le placer si vite sous le boisseau. Le Curé d'Ars n'était plus visible, on n'entendait plus sa voix, mais, on jouissait toujours de son âme : le tombeau ne l'enfermait pas tout entier. Dans le sein de la mort, on l'a dit, M. Vianney opérait les mêmes œuvres extraordinaires; il demeurait celui auprès de qui on trouvait encore la

STATUE A GENOUX PAR CABUCHET.

lumière, la paix, la santé, et qu'on invoquait maintenant avec la confiance qu'on met à prier un *Saint* du ciel. L'abbé Olivier a raconté les grâces de toutes sortes qui ont rendu le tombeau du Curé d'Ars glorieux.

Je ne cite qu'un trait emprunté à l'abbé Clastron, du diocèse de Nîmes. Il priait, en 1866, sur le tombeau du Curé d'Ars; à côté de lui il y avait un jeune homme d'environ dix-sept ans. « Je le vis sortir, a écrit l'abbé; je le suivis auprès du presbytère, il vint à moi et me dit brusquement : « Croyez-vous, Monsieur l'abbé, que le Curé d'Ars peut encore soulager les malheureux? — Est-ce que vous en doutez vous-même, mon ami? — Non, certes, s'écria-t-il avec énergie. J'ai senti auprès de cette tombe je ne sais quel feu qui a pénétré au fond de mes entrailles et y a consumé tous les germes de corruption laissés par ma vie de collège! »

Combien d'autres ont éprouvé qu'auprès de ce tombeau on sentait la puissance de protection du Curé d'Ars! On sait qu'un des miracles qui ont servi à la Béatification s'est opéré sur cette pierre.

Cependant le clergé et les fidèles étaient unanimes à demander que la réputation de sainteté de M. Vianney fut consacrée par l'Eglise. Dès 1862, Mgr de Langalerie commença les enquêtes nécessaires; en 1865, il apportait à Pie IX les témoignages recueillis. Le Curé d'Ars fut déclaré Vénérable le 3 octobre 1872; puis, la cause sembla languir.

La faute n'en venait point d'Ars où l'on déployait une extraordinaire activité, et pour bien d'autres choses. La Providence y avait placé l'homme qu'il fallait, M. l'abbé Toccanier, le *cher camarade* du Curé d'Ars. Il ne voulut accepter le titre de curé, que plus tard en 1869.

C'est lui qui avait assuré d'abord à la paroisse la possession de ce trésor : les Reliques du Saint. C'est pour les abriter dignement, autant que pour répondre au désir de M. Vianney qui voulait bâtir une belle église à sainte Philomène, qu'il fit élever par Bossan le sanctuaire qu'on admire aujourd'hui. Il y faudrait des sommes qu'il n'avait pas, qu'importe! Il se fera quêteur. Et le voilà qui parcourt toute la France, qui sollicite des dons, qui place de tous côtés, par lui-même ou par ses amis, des billets de loterie. Que de démarches, de fatigues et parfois de rebuffades! Il ne s'en émouvait pas; l'œuvre avançait; c'était l'essentiel. Bientôt le pinceau de M. Borel, le ciseau de Dufraîne orneraient magnifiquement l'église. Enfin, M. Toccanier, dont toutes les pensées et tout le zèle allaient à procurer la gloire de son saint curé, fut récompensé de tant d'efforts. Le 4 août 1865, Mgr de Langalerie consacrait l'église de Sainte-Philomène, brillante couronne à cette vieille église d'Ars où, pendant près de quarante ans, M. Vianney avait souffert le martyre.

Ars doit encore à M. Toccanier d'autres avantages, la place de l'église notamment. Mais, il ne faut pas oublier surtout que c'est à son instigation que la Providence, l'œuvre chère à M. Vianney, fut enfin rétablie en 1864, et développée dans la suite.

Tant de préoccupations d'un ordre matériel n'absorbaient pas l'activité de M. Toccanier; lui aussi avait à cœur la glorification de son saint Curé. Il en fit conserver d'abord les traits par l'image dite portrait authentique; ensuite il en fit exécuter la statue à genoux par Cabuchet : marbre où l'œil surprend encore un reflet de la flamme intérieure qui resplendissait sur le visage de M. Vianney, en le transfigurant.

Cependant, quantités de petites brochures où la légende s'introduisait déjà, portaient partout le nom et les vertus de M. Vianney : ses amis, M. Oriol de Lyon, Sionnet de Nantes, etc., propageaient ce qu'ils regardaient comme ses reliques; il devenait nécessaire, en face de cette popularité croissante, de placer simplement dans la lumière des faits la figure de M. Vianney. Ce fut l'œuvre de l'abbé Monnin, aidé de l'abbé Toccanier. On sait que ce livre fut pour le Curé d'Ars ce que l'ouvrage de Lasserre a été pour Lourdes : il fit connaître au monde l'humble et saint Curé.

M. Toccanier n'eut pas la joie de voir triompher à Rome la Cause pour laquelle il avait tout dépensé, ses forces et son argent. Quelques jours avant lui, Catherine Lassagne était morte. « N'oubliez pas les commissions que je vous ai données pour le saint Curé », lui avait dit l'abbé Toccanier. La bonne fille avait promis de les faire: le successeur du Curé d'Ars mourut le 7 novembre 1883.

C'est en 1896 seulement que Mgr Luçon communiqua aux fidèles de son diocèse le décret sur l'héroïcité des vertus du Curé d'Ars. Enfin, en 1904, tous les cœurs tressaillirent d'allégresse : enfin, leurs vœux étaient exaucés, enfin, le pape Pie X approuvait les miracles présentés dans la Cause de Béatification du Vénérable M. Vianney!

Sur dix-sept faits merveilleux qui avaient été soumis à l'examen, deux furent jugés miraculeux : la guérison de Claude-Léon Roussat et celle d'Adélaïde Joly.

Le 8 mars de la même année le Pape promulguait ce décret : on peut en toute sécurité procéder à la solennelle Béatification du serviteur de Dieu.

Je n'ai pas à redire ici ce que furent à Rome les augustes splendeurs de la journée du 8 janvier 1905. Sur les pèlerins accourus de Lyon et de Belley, les lampes électriques par milliers jetaient leurs étincelantes clartés; des lustres pendaient aux voûtes, des candélabres montaient aux côtés de l'autel, le soleil lui-même faisait par le dôme descendre la pluie glorieuse de ses rayons, qui se mêlaient aux scintillements des lumières. Et dans cette gloire radieuse, c'était la figure du pauvre Curé d'Ars qui apparaissait aux yeux éblouis : l'heure des exaltations surhumaines avait sonné pour la récompense de son humilité !

Ce jour-là, il y avait aussi dans l'église d'Ars, je ne sais quelle joie répandue : on y respirait de l'allégresse; et celui qui écrit ces lignes ne peut pas oublier, que, pendant qu'à Rome éclatait le *Te Deum*, il a eu le bonheur d'entonner à Ars le même chant d'enthousiasme et d'actions de grâces.

En France, nulle cause, on l'a écrit, ne fut accueillie avec plus de sympathie, que celle du Curé d'Ars. Les fêtes de Belley, au mois d'avril, le *Triduum* incomparable d'Ars, au mois d'août, sont encore dans la mémoire de tous ceux qui en ont été les heureux témoins.

LA CHASSE ET CHAPELLE DU BIENHEUREUX.

187 188

Je ne veux parler ici que de l'exposition des Reliques dans l'église d'Ars, le 2 avril 1905, sous la présidence de Mgr Luçon.

Avec quelle joie attendrie, les gens d'Ars revoyaient enfin leur Saint, leur Père, dont un masque de cire offrait à leurs yeux les traits aimés : « C'est lui, c'est bien lui, — oh ! je l'ai vu comme cela il y a plus de quarante ans ! » L'évêque n'eut pas de peine à inviter la paroisse à se réjouir : « O heureuse église d'Ars ! s'écriait-il, et vous tous qui l'aimez, associez-vous à son bonheur et goûtez l'abondance des consolations que le Seigneur vous ménage en ce jour ! »

Depuis, le corps de M. Vianney repose dans une châsse de bronze doré. Sous un grand baldaquin de pierre taillée, orné au sommet de la croix triomphante et supporté à l'avant par deux colonnes de cipolin, s'élève l'autel où se lit en lettres d'or très nettes sur le carrare, l'inscription latine : *B. Joann. Mariæ. Bapt. Vianney Sac. Corpus.* C'est là le lieu de la paix glorieuse du Curé d'Ars, et en l'apercevant si souverainement calme, sans rien de l'horreur de la mort, mais avec quelque chose déjà de cette tranquille beauté des corps immatérialisés, les yeux s'étonnent, se mouillent de larmes, et la prière monte aux lèvres, irrésistible et jaillissante : O Bienheureux, priez pour nous !

« Là où les Saints passent, Dieu passe avec eux. »
(Allocution du Curé d'Ars pour recevoir Mgr de Belley.)

CHAPITRE XXV.

AUJOURD'HUI.

« Quel saint plus que le Curé d'Ars a réalisé ce texte de la Sainte Ecriture, qui semble fait pour lui : *Unicus, multiplex, disertus, certus, omnia prospiciens?* Unique par sa sainteté sans égale de nos jours, multiple par les nombreux miracles de toute sorte qu'il a opérés, guérissant toutes les maladies, soulageant toutes les douleurs, pacifiant toutes les consciences, satisfaisant, en un mot, par chacune de ses paroles, à tous les besoins; éloquent, malgré sa simplicité au point que souvent il arrachait des larmes à tout son auditoire, certain dans ses décisions et ses conseils qu'on venait entendre de toute l'Europe; voyant tout, le passé, l'avenir, lisant au fond des âmes; transformé enfin par son intimité avec Dieu, en un prophète, en un de ces hommes extraordinaires qui, selon le langage d'un Saint-Père, portent le monde : *sancti portant mundum* (1). »

Ce texte de l'abbé Lenfant reste le meilleur résumé, et si j'ajoute que ce saint unique, doux, bienfaisant, qui est comme une effusion de la splendeur de Dieu, parle encore de son tombeau, si je dis que

1. Abbé Lenfant : Récits et souvenirs, p. 197. — Paris, 1877. — Haton, éditeur.

NOUVELLE ÉGLISE D'ARS.

le Bienheureux Vianney continue de redresser les sentiers de ceux qui sont sur la terre, et que les hommes peuvent encore apprendre de lui ce qui est agréable au Seigneur, j'aurai indiqué pourquoi les foules viennent toujours à Ars, et pourquoi on peut espérer qu'elles y viendront longtemps.

Surtout les prêtres aimeront à venir respirer ce qu'on pourrait appeler aussi les bonnes odeurs d'Ars, c'est-à-dire ce parfum de surnaturel, ces senteurs de vie austère et charitable, qui, comme de subtils effluves s'échappent des lieux sanctifiés.

Depuis que le Bienheureux Curé d'Ars a été donné comme patron au clergé de France, les prêtres sont accourus chaque année en plus grand nombre : Ars tend à devenir un pèlerinage sacerdotal. Le Bienheureux n'est-il pas le modèle du prêtre, sa glorification n'est-elle pas l'exaltation du sacerdoce, en un temps où les railleries, les caricatures ordurières, les calomnies le couvrent d'un manteau d'ignominie boueuse?

Prêtres, venez : voilà votre frère, le saint! « Vous saurez désormais, l'ayant appris d'un mémorable exemple, quel est le secret de Dieu pour former ses saints, ses évangélistes : tout se ramène au travail de ciseau et de marteau : — *fabri polita malleo saxa*, — qui discipline et dresse une âme en humilité et en pureté, en pénitence et en renoncement, de telle sorte que la taille et le polissage ne laissent qu'un vase de lumière céleste et d'amour divin (1) ».

Quant aux fidèles, ils ne manqueront pas de recevoir à Ars des leçons de piété, de vénération pour

1. Mgr Dadolle.

le prêtre, de confiance dans l'intercession des saints. Mgr Devie n'a-t-il pas écrit ces lignes caractéristiques : « La Providence ménage dans tous les pays des tombeaux et des reliques de Saints, qui, placés de distance en distance alimentent la piété et servent de modèles et de protecteurs au clergé et aux fidèles. »

Entre tous, Ars est un de ces endroits privilégiés, — il en est peu qui soit plus riche de reliques, et plus que tout le reste, ces reliques sont *parlantes :* elles restent le plus éloquent panégyrique et le plus touchant témoignage.

C'est d'abord l'église même du Bienheureux. Elle a été conservée, sans modifications importantes, si l'on met à part la destruction du chœur. On l'a dit : une vertu spéciale pour remuer les cœurs est attachée aux lieux habités par les saints : c'est une source d'émotions salutaires que rien ne peut remplacer. Pas un de ceux qui ont fait le pèlerinage d'Ars ne contestera la vérité de ces paroles écrites par un ancien pèlerin. Les splendeurs mêmes du transept élevé par M. Sainte-Marie Perrin à la gloire du Bienheureux; les beautés du chœur, consacré à sainte Philomène, par Bossan, n'effacent pas l'attrait de cette vieille et humble église où l'âme touche la sainteté.

Les pèlerins ont coutume de visiter le presbytère de M. Vianney — et c'est là, pour eux, une autre source de saintes émotions, tout aussi jaillissante que la vieille église.

Comment n'être pas saisi par cette vision de pauvreté et de dénuement? En bas, ce sont quelques souvenirs : la corbeille au pain, la marmite aux pommes

INTÉRIEUR DE LA NOUVELLE ÉGLISE.

de terre, la poêle aux matefaim, les cercueils, le lit brûlé, que les pèlerins ont entaillé.

Au premier étage, la chambre du saint Curé. On y voit son lit de mort, les images et les reliquaires qu'il aimait, son bougeoir, sa lanterne, le pot à eau bleu sur lequel le diable battait la générale, la bibliothèque qui venait de M. Balley, le surplis du confessionnal, la petite table et l'écuelle.

Dans une autre chambre, qu'on appelle la chambre des Reliques, on a disposé les ornements d'église du Bienheureux, on voit ses disciplines, ses ceintures, ses cilices, ses pauvres soutanes; on retrouve la Croix de la Légion d'honneur, un fragment de sermon autographe sur l'aumône, et un peu des objets usuels : parapluie, rasoir, couteau, rabat, etc.

Rien n'est suggestif comme cette visite : ce sont des témoins qu'on entend volontiers, ces murs silencieux, ces images muettes, qui, cependant, redisent à tous le même langage, hier et aujourd'hui et demain : un saint a passé là; un bienheureux du ciel a vécu avec nous.

A la fin du livre qu'il a intitulé les *Sources*, le P. Gratry a écrit : « Et l'homme arrivé là connaît la vie, il sent et voit qu'aimer Dieu par-dessus toutes choses, aimer tous les hommes comme soi-même, donner son cœur, son âme, son esprit et ses forces pour rendre les hommes meilleurs et plus heureux, c'est la vie, c'est la loi, c'est le bonheur, la justice et la vérité. » En terminant, cette histoire du Bienheureux Curé d'Ars, c'est la même conclusion qui s'impose; Ars est une source providentielle d'où s'échappe l'amour de Dieu et des hommes.

Et maintenant, je transcris la prière, tirée des méditations attribuées à saint Augustin, en l'honneur des saints :

« Que vous êtes heureux, ô saints de Dieu, qui êtes désormais passés de la mer orageuse de cette mortalité au port du repos éternel et de cette paix parfaite dont les plaisirs dureront à jamais! Puissiez-vous donc par cette charité si tendre dont vous êtes animés, vous intéresser pour nous; vous qui n'avez désormais rien à craindre pour vous et qui jouissez d'une gloire immortelle, soyez touchés de nos misères infinies, nous vous le demandons au nom de Celui qui vous a choisis de toute éternité pour vous faire jouir à jamais du bonheur de voir sans voile ses beautés ineffables et d'être même revêtus de son immortalité... Ne vous lassez point d'intercéder pour nous qui sommes accablés du poids de tant de misères, de négligences et de péchés!... Priez donc sans cesse pour nous; offrez sans cesse à Dieu vos vœux, vous tous... qui composez ces chœurs infinis d'anges et d'esprits bienheureux, en sorte que par vos prières si ferventes et par tous vos mérites, nous puissions voir heureusement notre vaisseau chargé des trésors précieux de toutes sortes de bonnes œuvres, arriver jusqu'au port de ce repos et de cette paix qu'on est sûr de ne jamais perdre. » Ainsi soit-il!

11 février 1909.

TABLE DES GRAVURES.

TABLE DES MATIÈRES.

CHAPITRE XXIV

CHAPITRE XXV.

IMPRIMÉ PAR DESCLÉE, DE BROUWER ET Cie
41, RUE DU METZ, LILLE. — 6157